中華美食故事系列

飲食文化知識通

19個有趣的飲食常識探究
12位名人與酒的不解之緣
17道中華美食典故

管家琪／文
尤淑瑜／圖

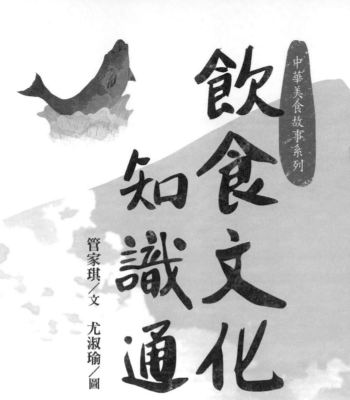

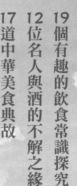

自序

豐富有趣的美食故事

管家琪

這是一套什麼樣的書？

首先，這當然不是一套食譜，不是要教大家怎麼做菜。是從文化的角度來談中華美食。

「食」，當然是一種文化，而且是文化中很重要的一部分。小到以家庭為單位，每個家庭都有自己的飲食文化。比方說，我是一直到國一在同學家吃飯時，才從同學家的餐桌上認識洋蔥，還記得當時我一問「請問這是什麼？」的時候，大家都一臉驚訝的看著我，好像我是一個外星人，因為我媽媽不愛吃洋蔥，我們家的餐桌上從來就沒見過洋蔥；又如，我的爸爸是法官，最喜歡在吃飯的時候順便「開庭」，教訓一下小孩，每每舉證確鑿，讓犯人無可抵賴，只得乖乖低著頭猛扒飯，把那些教訓一起吞下肚；國中時期我念的是女校，我的便當盒全班最大，總有同學驚嘆「哇！比我哥哥（或弟弟）的便當還要大！」，這是因為媽媽沿襲外公外婆的習慣，從來不留剩飯剩菜，我們家的冰箱只要到了晚上，打開一看裡頭幾乎都是空的，只有冰開水；既然晚餐一定要全部清空，在大家下桌以後，剩下的一點剩飯剩菜肯定都會被媽媽掃進我們的便當裡……

就像媽媽不留剩飯剩菜的習慣是來自於外公外婆一樣，我自然也有一些在「食」這方面源自母親的習慣。比方說，我不怎麼吃零食，只吃正餐，頂多偶爾跟朋友們喝下午茶時會吃塊蛋糕之類，但我理解吃零食是一種生活樂趣，大多數的小孩都愛吃零食，所以在我當了媽媽以後，在兩個孩子還小時，我有一條家規，就是每天都要等到晚餐過後才能吃零食，因為「要好好吃正餐，不能用零食來代替正餐，身體才健康」的觀念在我的腦海裡根深蒂固，小時候媽媽幾乎不讓我們吃零食，我則是做了一點點調整……

現在，我的小孩長大了，我從他們的生活，也看到一些他們在「食」這個部分來自於我的影響，而他們也有自己的調整……

所謂的文化，就是這麼一代一代傳承下來的。每個家庭都有自己的家風、自己的生活習慣，其中當然就包括飲食習慣，而大至一個民族，關於「食」當然有很多有趣、有意思的部分。尤其是中華文化上下五千年，光是「食」的部分就有太多太多的文化知識，很多都離不開歷史，因此從這套書裡，你會讀到很多歷史人物和故事。

這套書一共五本，從文化的角度，把關於中華美食方方面面的文化知識，做了一番梳理和介紹，有關中華美食的基本常識、傳統節慶飲食、名人與飲食文化、酒的故事、茶的故事、蔬果的故事，以及語文中的飲食文化等等，還有一百道中華美食的典故（穿插在每一本書裡，數量不一）。

我想強調的是，這套書始終是圍繞著文化、故事的角度，所以你可能會覺得奇怪，為什麼有很多知名美食，譬如「糖醋排骨」、「魚香肉絲」、「八寶飯」等等，在「美食典故小學堂」裡卻看不到，這是因為實在找不到什麼相關的、或是可寫的（不會少兒不宜）的典故。還有一些菜餚雖然本身有故事，可是不符合現代保育觀念，而且現在也幾乎絕跡（譬如廣東菜裡曾經有過的「龍虎鬥」，是吃蛇和貓），我們也就不收錄進來了。

目次

酒的故事

美食典故小學堂

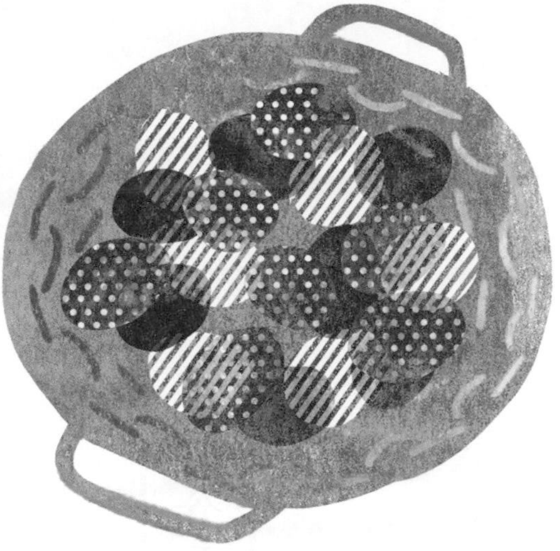

飲食文化知識通

中華美食的小知識與大學問

中華美食是如何命名？

中華美食琳瑯滿目，都是怎麼命名的呢？

分析一下就會發現，無非是根據幾個原則。

・**強調人物**，譬如「左宗棠雞」、「東坡肉」、「太白鴨」、「五柳魚」、「貴妃雞」、「昭君鴨」、「西施

舌」、「貂蟬豆腐」、「麻婆豆腐」、「宋嫂魚羹」、「夫妻肺片」等。

・**強調地名**，譬如「北京烤鴨」、「南京板鴨」、「西湖醋魚」、「無錫排骨」、「東安子雞」、「道口燒雞」、「金華火腿」、「蘭州拉麵」、「清蒸武昌魚」等。

・**強調味道**，譬如「糖醋排骨」、「醋溜魚片」、「酸辣湯」等。

・**強調花名**，譬如「桂花鴨」、「芙蓉雞片」、「牡丹桂魚」等。

・**強調形狀**，譬如「繡球干貝」、「口袋豆腐」、「松鼠桂魚」等。

・**強調器具**，譬如「砂鍋魚頭豆腐」、「瓦罐雞湯」、「鐵板牛柳」等。

・**強調顏色**，譬如「三色蛋」、「白雲豬手」等。

・**強調故事**，譬如「龍鳳

呈祥」、「子龍脫袍」、「閉門羹火鍋」等。

‧**強調數字**，譬如「九轉大腸」、「八寶粥」、「千層酥」、「四喜丸子」等。

‧**強調技法**，譬如「乾炸響鈴」、「鍋塌黃魚」、「大煮干絲」、「血醬鴨」、「水晶餚肉」等。

‧**強調美好的寓意**，譬如「全家福」、「狀元及第粥」等。

除了以上這些，你還發現有哪些中華美食命名原則呢？

什麼是「火候」？

「候」有好幾個意思，在「火候」這個詞裡是表示「事物變化中的情況」。

在唐朝詩人段成式（西元803~863年）一篇文章中，曾經有這樣的描述：「物無不堪吃，唯在火候，善均五味」，所謂「五味」，是指酸、苦、甘（甜）、辛（辣）、鹹，這是中醫五行學說的組成部分，段成式的意思是，這世上哪有什麼不能吃的東西呀！全看掌握火候的技巧，以及如何調味（掌握好調味料的工夫）而已，也就是說，只要掌握火候和調味的工夫到家，不管是什麼食材，哪怕是平凡無奇、毫不起眼的食材，都可以被料理成美食。

當然，以今天的觀點來看，「物無不堪吃」（沒什麼不能吃、什麼都可以吃），實在是頗有些不符合保育及衛生標準，不過，主張掌握好火候、拿捏好調味料這兩方面是烹飪的關鍵，這一點倒仍然是不變的道理。

尤其是掌握火候，這不但是對料理這件事的基本要求，更是廚藝好壞的關鍵；即使有很好的食材和刀工，如果火候不夠，再高檔的食材也煮不出好味道，更糟的是，如果煮得半生不熟，勉強下肚搞不好還會造成食品安全問題。

什麼是「火候」呢？從表面上看，是要善於控制時間的長短以及火力的大小，所以食譜上都會註明什麼時候要用武火（大火），什麼時候要用「文火」（小而緩的火），或是微火（比文火更小的火），而且做一道菜，不一定從頭到尾都是用大火，也不一定從頭到尾都是用小火，經常是得視情況及時做出適當的調整（因為「火候」的「候」就是表示「事物變化中的情況」，既然是在變化，自然就不可能一成不變），那麼，如何掌握那個「適當」、怎麼樣才知道此刻火力的大小應該是怎麼樣，這自然就得依靠經驗，經驗愈豐富，表現出來的技巧自然就愈好了。

「火候」這個說法，在古代除了烹飪，往往還與煉丹和煎藥這兩件事有關，因為這兩件事也得非常注重火候。

後來，這個詞又被引申為指一個人技藝、學問的修養程度，比方說，「要討論這個話題，他還不夠火候」，意思是說此人對於這個話題的了解，還不到能和內行人深入討論的程度；又如，「論撒謊，他的火候還太差了」，就是說談到撒謊這個事，他的工夫實在是太差啦，根本一撒謊就破綻百出，人家會相信才怪呢！

有時，「火候」一詞也會指「緊要的時機」。民國初年著名作家和思想家魯迅（西元1881～1936年）在《偽自由書》這本書的後記中說：「現在，聽說已到組織團體的火候了」，就是這樣的用法。

什麼是「民族飲食」？

在中華美食中，所謂的「民族飲食」，指的是除了漢族以外各個少數民族的飲食。

儘管各個民族關於飲食的一些傳統習慣是一致的，但這也可說是中國人的飲食特點，比方說，中國人是採「聚食制」，考古學家從很多遺跡都發現，在遠古時期，炊間和聚食的地方是統一的，炊間都在住宅的中央，上面有天窗出煙，下面有篝（「篝」這個字的本意是指三角形竹架，其中可以懸掛鍋子、水壺等，下面則可以燒柴點火），然後大家便圍著火就餐。這樣的聚食習俗，一直傳了下來，反應出中國人重視血緣親屬關係和家族家庭的觀念。

其次，「以熟食、熱食為主」也是中國人的飲食習俗，這和中國文明開化得比較早、以及烹調技術比較發達當然有很大的關係。

不過，中國幅員廣大，各個民族由於所處的地域、環境不同，當地的氣候、物產都不一樣，自然就會形成相異的飲食文化。

一般來說，由於中原地區是以農業生產為主要的經濟生產方式，因此漢族是以五穀為主食，輔食則是蔬菜，外加一些肉食。當然，在社會不同的階層中，主食和輔食、肉類和蔬菜的比例是不一樣的，從古代把在位者稱為「肉食者」的說法，就可見階層愈高的人，吃肉的機會就愈多。

現在，我們不妨來看看中華民族中幾個主要少數民族的飲食習慣。

• **滿族**：滿族主要是居住在東北三省、河北省和蒙古自治區，以稻米、麵粉為主食，肉食是以豬肉為主，而且喜歡用白煮的方式來烹製豬肉，在蔬菜短缺的冬天，滿族就經常以醃製的大白菜（就是酸菜）作為主要蔬菜。

• **藏族**：藏族主要聚居在西藏自治區，大部分地區都是從事畜牧業，習慣吃用青稞炒製的糍粑。「青稞」是禾本科植物，是大麥的一種變種；「糍粑」則是一種用糯米蒸熟搗爛後所製成的食品。藏族很少使用蔬菜，副食是以羊肉為主，部分地區有不吃飛禽和魚類的習慣。此外，以青稞釀成的青稞酒，以及用酥油和濃茶加工而成的酥油茶，都是藏族特有的飲品。

• **回族**：回族是中國最早信仰伊斯蘭教的民族之一，遍布中國各地，沒有什麼主要的聚居地。按照《古蘭經》的規定，回族不吃豬、狗、馬、驢、騾以及一切自死的動物，所謂「自死的動物」，當然不是指「自己尋死」，而是指沒有經過穆斯林念誦真主之名而就這樣被宰的動物。

・**蒙古族：**蒙古族主要聚居在內蒙古自治區，自古以來都是以畜牧和狩獵為主要的經濟手段，被稱為「馬背上的民族」。蒙古族以肉奶製品為主食，嗜飲奶茶和馬酒，烹飪方式則是擅長烤、煮和燒，所以「蒙古烤肉」是赫赫有名的。

什麼是「八大菜系」？

所謂「菜系」，既是一種飲食文化，也是一種地緣文化。每一個菜系的形成和發展，都是某特定地域裡的氣候、地理環境、物產，以及人民的生活習慣、人文風尚等多種因素綜合起來，經過相互影響而自然形成的結果，因此，就算不斷會有外來飲食傳入，每一個菜系都只會吸收這些外來飲食的特色，本質卻始終還在，不會被全盤改變。

只要講到中華美食，我們現在常說「八大菜系」，不過，這「八大菜系」當然也不是一開始就成型，而是慢慢發展起來、有一個由簡而繁的過程。最早是在春秋戰國時期出現了南、北兩種不同的風味，到唐宋時期各自體系形成，到了清代初期有了魯菜、蘇菜、粵菜、川菜等「四大菜系」，接下來繼續發展，到了清末，又加入浙菜、閔菜、湘菜、徽菜，這就有了「八大菜系」，再往後雖然北京菜、上海菜似乎也儼然各成一個菜系，但人們大多都還是習慣稱「八大菜系」，而不會變成是「十大菜系」。

也就是說，現在講「八大菜系」，「八」這個數字已經不是那麼死板就真的只是指八種，而是形容「多」的意思。

下面我們就稍微來了解一下「八大菜系」中各個菜系的基本特色。

・**魯菜：**魯菜的形成與山東地區的地理環境和文化歷史有著密切的關係，是「八大菜系」之首，菜餚以清香、鮮嫩、味醇而著名，十分講究清湯和奶湯的調製。

蔥燒遼參
魯
松鼠桂魚
蘇
麻婆豆腐
川
臭鱖魚
徽
浙
東坡肉
湘
東安子雞
閩
佛跳牆
粵
烤乳豬

- **蘇菜：**蘇菜是由揚州、南京和蘇州三個地方的地方菜發展而成。揚州菜亦稱淮陽菜，是指揚州、鎮江、淮安一帶的菜餚；南京菜又稱京蘇菜，是指南京一帶的菜餚；蘇州菜是指蘇州與無錫一帶的菜餚。蘇菜的特點是注重食材、刀工精細、口味鹹淡適中，南北皆宜。

- **粵菜：**粵菜是由廣州、潮州和東江三地的特色菜發展而成，是起步比較晚的菜系，可是最為普及，當今世界各地的中華餐館大多數都是以粵菜為主。粵菜注重吸取各菜系之長，形成豐富的烹飪形式，選料廣泛，品種多樣，還兼容了很多西方菜餚的作法。

- **川菜：**川菜的發源地是古代的巴國和蜀國，大致在秦朝建立至三國鼎立之間形成，以成都、重慶兩地的菜餚為代表，還包括樂山、自貢等地的地方菜。川菜最大的特點就是非常注重調味，調味品複雜多樣又極富特色，常用的調味品有辣椒、花椒、香醋、豆瓣醬等，用這些調味品就可形成酸辣、麻辣、椒麻、怪味等很多種不同的口味，因此有「一菜一格，百菜百味」的說法。

・**浙菜**：浙菜以杭州、寧波和紹興三處的地方風味為代表。「南料北烹」是浙菜的一大特色，相傳是因為很多京師人南下開飯店，用北方的烹調方法把南方豐富的食材做得格外的美味可口。

・**閩菜**：閩菜以烹製海鮮見長，是以福州、閩南、閩西三處的地方菜為主，所形成的菜系。

・**湘菜**：湘菜就是湖南菜，除了油多、色濃、實惠之外，還有兩個最大的特色，一個是辣，一個是臘（擅長烹製各種臘肉，有濃厚的

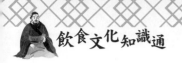

山鄉風味）。

• **徽菜：**徽菜由安徽省的沿江菜、沿淮菜和皖南菜構成，以烹調河鮮和家禽見長。

什麼是「五大麵食」？

中國的「五大麵食」，是指山西刀削麵、北京炸醬麵、武漢熱乾麵、河南燴麵和四川擔擔麵。

・**山西刀削麵**：有一句話說，「世界麵食在中國，中國麵食在山西」，這句話就是用來讚美山西刀削麵的。因「麵條」全憑刀削，因此得名。相傳這是由唐朝初年一位駙馬、同時也是一位將領柴紹（西元588～638年）所發明。柴紹就是晉州臨汾（今山西臨汾）人。

・**北京炸醬麵**：流行於北京、河北、天津等地，由炸醬和菜碼拌麵條而成（「菜碼」是指拌在裡面吃的菜）。

・**武漢熱乾麵**：看上去色澤黃亮的武漢熱乾麵，麵條爽滑，醬汁香濃，味道鮮美，再加上熱量高，是武漢人早餐的首選。

・**河南燴麵**：河南燴麵分為湯麵和撈麵兩種。由於用上等羊骨、嫩羊肉煲出來的湯白白亮亮，所以又被稱為「白湯」。

・**四川擔擔麵**：這是一道經常在四川宴席做為點心的小吃，由麵粉、蔥花、紅辣椒油、芝麻醬等材料製作而成，起源於自貢（位於四川盆地南部），進而在四川各地廣為流傳。

廚師這一行的祖師爺是誰？

「鮮」這個字，有一個意思是指味道美好。據說在北方水產中以鯉魚最鮮，肉類中則是以羊肉最鮮，有一道山東名菜叫做「魚腹藏羊肉」，那就是「鮮」上加「鮮」，想必是鮮得不得了、超級好吃了。

相傳這道美食是春秋時代一位著名的廚師易牙所創，他曾經是齊桓公（生年不詳，卒於西元前643年）的寵臣，所以「魚腹藏羊肉」這道菜的歷史恐怕至少也超過兩千六百年了。

易牙之所以能成為齊桓公的寵臣，有一個很大的原因就是他善烹飪，經常給齊桓公做好吃的，緊緊抓住了齊桓公的胃，所以深得齊桓公的歡心。為了討好齊桓公，易牙真是不惜一切代價，甚至做過非常可怕的事……

一天，齊桓公開玩笑的說，天底下的美食，我應該都嘗遍了吧，現在肯定只剩下人肉沒嘗過了吧！哈哈哈！（真是又恐怖、又惡劣的玩笑！）

齊桓公說者無心，易牙卻聽者有意。過了幾天，齊桓公吃到一碗美味無比的肉湯，他好奇的問易牙，這是什麼肉？真好吃！怎麼之前從來沒吃過？易牙就哭著說，這是用我四歲兒子的肉來煮的啊！

易牙此舉是想向齊桓公表示，自己愛君更甚過愛親身骨肉。

後來，在相國管仲（約西元前723～前645年）病重時，齊桓公去探望管仲，並且就幾個繼任相國可能的人選徵詢管仲的意見，當齊桓公提到易牙時，管仲斬釘截鐵的斷然否決，說此人為了討好國君竟然可以烹殺自己的兒子，簡直一點人性也沒有！萬萬不可以他為相！不僅如此，管仲還勸告齊桓公最好遠離像易牙這樣的人。

在管仲去世以後，齊桓公聽管仲的話，把易牙等幾個小人革職，命他們永遠不准入朝。

可惜，齊桓公實在是太貪吃了，這樣過了三年，他覺得易牙不在，自己都吃不到什麼好吃的東西，這日子也過得太乏味了，於是又把易牙給找了回來。後來易牙等人果真作亂，期間還堵住了宮門，齊桓公最終竟被活活餓死在王宮。

經過這場內亂之後，齊國也元氣大傷，開始衰落，中原的霸業遂逐漸轉移到了晉國。

而易牙在干政失敗之後，便回到自己的老家彭城（今江蘇徐州），做起了餐飲業，一直做到離世為止。

易牙是中國歷史上第一位被記載在冊的職業廚師，據說也是有史以來第一個開私人飯館的人，再加上他廚藝精湛，所以被後世視為廚師這一行的祖師爺。

「山珍海味」這個詞是怎麼來的？

其實，「山珍海味」是後來的說法，最早是「山珍海錯」。什麼叫做「海錯」呢？各種海味就叫做「海錯」，因為「錯」有「錯雜」的意思，既然「錯雜」，那肯定就不止一種了。

一般認定「山珍海錯」是出自唐朝詩人韋應物（西元737～792年）〈長安道〉詩：

山珍海錯棄藩籬，烹犢炰羔如折葵……

「山珍海錯」是指各種在山野和海裡出產的珍貴的食品，「炰」是蒸煮的意思。

這兩句詩的意思，是呼籲大家放棄精美之物，追求原生態。

韋應物是山水田園詩派的詩人，詩風恬淡高遠，以善於寫景和描寫隱逸生活著稱，「追求原生態」是他的理念。

韋應物享年五十五歲，他的一生頗富戲劇性。

他是長安（今陝西西安）人，出身名門望族，在十五歲就當了御前侍衛「三衛郎」，經常官從唐玄宗（西元685～762年）出遊。早年的韋應物簡直是一個惡少，橫行鄉里，大家都很討厭他，也都有一點怕他。

西元七五五年安史之亂爆發那年，韋應物十八歲。戰亂對他的衝擊很大，再加上因為玄宗奔蜀，他流落失職，惶惶不可終日，遂立志讀書，整個人頓時洗心革面，痛改前非，從一個富貴之家的無賴子弟變成一個忠厚的讀書人。七年後，玄宗過世，韋家開始勢衰受欺，更令他由衷感到必須發憤圖強。

從二十七歲到五十四歲，將近三十年的時間，韋應物除了短暫在長安任官或是閒居，大部分的時間都是被外放擔任地方官吏，這當然是因為受到了排擠，但是在地方官任上，他並沒有懷憂喪志，還是勤

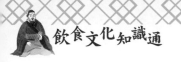

政愛民，為官廉潔，認真負責，頗獲好評。

他所擔任的最後一個地方官是蘇州刺史，因此後人也稱呼他為「韋蘇州」。在蘇州刺史屆滿之後，韋應物沒有得到新的任命。此時的他，幾乎是一貧如洗，甚至沒有回京候選的路費（「候選」就是等待朝廷另派他職），無奈之餘只得寄居在蘇州無定寺，不久就客死他鄉了。

「一日三餐」是從什麼時候開始的？

在原始社會，人們都是「饑則求食，飽則棄餘」，就是說肚子餓了就找東西吃，等到吃飽了，就算食物還有剩下的也不吃了，這可以說是一種本能反應。「按時吃飯」是人類文明化的結果。

看看小嬰兒，不也是餓了就哇哇大哭，用哭聲來表示自己要吃東西，可是給他吃了以後，就算一瓶奶還沒喝完，但如果他覺得已經吃飽了就會把奶瓶推開，不想再吃了嗎？他才不管什麼浪不浪費呢！

根據學者考證，中國最晚是在距今三千多年前的商代就已經形成了「按時吃飯」的習慣，但是一直到秦漢（距今大約兩千兩百年以前），普通老百姓以及層級較低的官員，一天只吃早晚兩頓飯，可以看做是一種時間分段的概念，**第一頓飯叫做「朝食」，稱為「饔」，第二頓飯叫做「食」，稱為「飧」**，在這樣的「兩餐制」中，「朝食」是主餐。吃過「饔」，代表一天開始了，吃過「飧」則是代表一天結束了。古代沒有什麼照明設備，晚上的時間雖然長，但很難運用。

魏晉以後（距今大約一千五百年以前），開始有人一天會吃三頓，到了隋唐時期（距今大約一千四百年以前），「午食」的概念逐漸形成，人們普遍都是一天吃三頓飯了，跟現在的「三餐制」基本已沒什麼區別，同時，「午食」也成為「一日三餐」中的主餐。

不過，古代的帝王都是一日四餐，這從漢朝就開始制度化。

為什麼帝王需要一天吃四頓？主要是衝著「四方」、「四時」

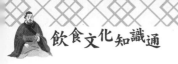

等詞語中「四」這個概念，有迷信色彩。為了一天吃四頓，古代帝王也是很忙的，在天剛亮時就要吃第一頓（「旦食」），中午日正當中吃第二頓（「晝食」），下午晡食（相當於下午三點至五點）吃第三頓（「夕食」），最後在太陽落山以後的日暮時分再吃第四頓（「暮食」）。

除非碰到什麼特殊時刻，譬如國家正遭到嚴重的天災人禍，皇帝就會減餐，表示自我懲罰，響應上天給人間的警示，否則皇帝每天都得吃四頓，即使是在皇帝過世以後，祭祀時也要「日上四食」。

清朝的帝王在表面上則是採取「兩餐制」，一天只吃「早膳」和「晚膳」兩頓飯，因為一天吃兩頓是滿族的傳統飲食習俗，在滿族入主中原以後，便將這習俗帶進了皇宮，只不過在兩頓正餐之外，還有「早點」和「晚點」，所以實際上是「明二暗四」（明著兩頓、實際上還是四頓）。

火鍋是如何演進的？

火鍋，是中國獨創的美食，在古代稱之為「骨董羹」，這個名字的由來倒不是說非要用骨董來吃火鍋，而是形容食物在投入沸水中的時候所發出的「咕咚」一聲。

中國人吃火鍋的歷史可說源遠流長，在浙江等地曾出土五千多年以前與陶釜（「釜」可視為古代的鍋子）配套使用的小陶灶，移動方便，算是火鍋的初級形式，後來在北京近郊出土的春秋時期（距今約三千五百年前）的青銅火鍋，也有明顯加熱過的痕跡。

至於現代概念的火鍋是起源自何時，有兩種說法，一個說是始

於東漢（距今大約一千八、九百年以前），出土文物中的「斗」就是指火鍋；另一種說法是起源自三國時期或魏文帝時代（距今大約一千八百年前），那時的「銅鼎」就是火鍋的前身。也就是說，現代概念中的火鍋，可能已有一千九百年以上的歷史。

早期的火鍋還不算太流行，只是人們用來涮各種肉食，是後來隨著烹飪技術的發達，各式火鍋才相繼進入大家的生活。到了北宋（距今大約一千年前），一到冬天，京城酒館都會有火鍋應市。

元代（距今六、七百年），火鍋流傳到蒙古一帶。到了清代，火鍋不僅是一道宮廷菜，在民間也廣為流行，在清朝末年和民國初期，在全國已形成幾十種不同的火鍋，各具特色。

雖然火鍋不斷的創新，但至今仍可簡單分成「南派火鍋」和「北派火鍋」兩種，以「麻、辣、燙」著稱的重慶火鍋屬於「南派火

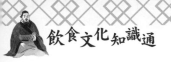

鍋」，「涮羊肉」則屬於「北派火鍋」。

此外，在西元第十四世紀上半葉（元朝期間），火鍋傳入日本，日本將火鍋稱為「壽喜燒」，又稱為「鋤燒」。之後火鍋也陸續傳到了世界其他各國。

為什麼把教育界稱為「杏壇」？

杏，是一種落葉喬木，據考證原產於新疆，是中國最古老的栽培果樹之一，後來在全中國各地都看得到。著名甜點「杏仁豆腐」裡頭的杏仁，就是杏樹的果實。

長久以來，大家都用「杏壇」來指稱教育界，這個詞最早出自戰國時期哲學家莊子（約西元前369～前286年）的一則寓言。在那則寓言裡，莊子描述孔子（西元前551～前479年）到處收徒講學，並且每到一處都在杏林裡講學，休息的時候，孔子就坐在杏壇之上。

「至聖先師」孔子生活的年代是春秋末年，在孔子過世一百年左

右，莊子才出生。莊子如何描寫距離自己一個世紀以前的人物，自然是只能靠想像了。

後來，人們就泛指聚眾講學的場所為「杏壇」，並且當大家在孔子的故鄉（山東曲阜）孔廟大成殿前，為孔子築壇、建亭、書碑之餘，也不忘種植一片杏林。

現代「聚眾講學的場所」當然是學校，因此教育界就這麼被稱為「杏壇」了。

接著，我們還要來認識兩個詞，一個是「杏林」，這原是中醫學界的代稱，到了近代就引申為形容整個醫學界。「杏林」一詞源於三國時期一位閩南籍醫生董奉（西元220～280年）的事蹟。相傳董奉住在山間，為人治病從不取錢財，只要求患者種杏樹，每當他治好一位重病患者，便會有五棵杏樹被種植，輕症患者康復就種一棵，這樣過了十年，種下的杏樹已經多達十幾萬棵，鬱然成林。於是，後世醫家便都自稱「杏林中人」。

第二個詞是「士林」。我們要注意，教育界是「杏壇」，但知識界、尤其是古代用來形容士大夫這個階層的詞則為「士林」。這出自東漢末年文學家陳琳（生年不詳，卒於西元217年）一篇文章裡的用詞。

為什麼有的地方把吃飯稱做「喝湯」？

在魯（山東）西南方言中，將「吃晚飯」習慣稱之為「喝湯」，如果大家在傍晚時分碰到，總會互相親切的問候一聲：「喝湯了沒有啊？」

以「喝湯」來代替「晚飯」，這裡頭有一個故事。

在明朝初年、永樂二年（西元1404年），開國皇帝朱元璋（西元1328～1398年）第二十三子、時年十八歲的朱桱（西元1386～1415年）被封到南陽（位於今河南省西南部）為唐定王。朱桱窮奢極欲，建造了極為豪華的王府和一座精雕細琢的花園。為了貪圖自己的享受，朱棡對百姓橫征暴斂，當他發現地方百姓似乎很難滿足自己的揮霍時，竟然下令命百姓以後每日只能吃兩餐，必須節餘一頓的口糧全部上交給王府。

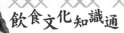

一天，一個在王府花園工作的老石匠，夜晚回家以後實在是太過勞累，肚子又餓得要命，便挖了些野菜煮湯充飢，不料剛好被正在王府假山上欣賞夜景的朱棡發現了炊煙。朱棡大怒，馬上派人追查，不多久老石匠便被抓到了朱棡的面前。

朱棡親自審問，厲聲質問老石匠為什麼違反禁令，叫你們少吃一頓居然還敢煮飯？老石匠委屈的辯解道，沒有啊，我沒有煮飯，只不過是煮了一點野菜湯而已。

是嗎？朱棡派人去查看，鍋子裡果然一粒米都沒有，只有野菜湯，老石匠遂得以倖免一死。

從此，老石匠每晚回到家都會煮一點野菜湯，很快的大家也都紛紛效法，總比肚子空空要好啊，慢慢的，人們就用「喝湯」一詞來代替「吃晚飯」了。

為什麼沒東西吃叫做「喝西北風」？

「再這樣下去，我們全家都只能喝西北風了！」——意思是說，再這樣下去，我們全家就都沒飯吃了，要餓肚子了，很嚴重的！不是開玩笑的！

為什麼沒東西吃、沒飯吃叫做「喝西北風」呢？

有人說，「喝西北風」是道家所宣揚的一種境界，形容不食人間煙火，只靠呼吸空氣就可以生存，還有人說這個說法最早是出自《莊子．逍遙遊》：

藐姑射之山，有神人居焉……不食五穀，吸風飲露……

不過，也有學者對於這樣的說法不表認同，因為莊子只說「吸風」，沒說是吸「西北風」呀！為什麼不說是「吸東南風」呢？

「哎！再這樣下去，我們全家都要喝東南風了！」……是不是好奇怪？

有學者指出，其實「喝西北風」是一個充滿了地域特色的說法。因為在中國北方，絕大部分地區的冬季就是刮西北風，在嚴寒的冬季，如果儲量不夠，覓食不易，一張嘴可不就是只有喝西北風的份兒了，所以才會有「饑寒交迫」這樣的說法，饑餓和寒冷似乎總是連在一起。

而當東南風一吹，那是暖風習習的夏季，食物不虞匱乏，當然就不容易挨餓了。

什麼叫做「品茗」？

「品茗」，就是喝茶的意思，而且是要慢慢喝，不能牛飲，因為「品」這個字有「辨別好壞高低」之意，就像在「品酒」的時候也是要慢慢來，一小口一小口的喝，不可能動不動就大剌剌的乾杯，否則怎麼分得出酒的好壞呢？

茶與酒，是中國人生活中兩個最重要的飲品，剛好一動一靜，酒讓人豪放，茶讓人沉穩安靜。

有趣的是，「茗」這個字，究其字意，竟然有茶也有酒。

首先，「茗」是指茶樹的嫩芽，以及用茶葉泡製、烹製或煎製的飲料，俗稱就是「茶」，但「茗」同時也可假借為「酩」，而「酩酊」就是大醉的意思。

說「茗」也可假借為「酩」，這可是有典故的，出自《世說新語》，講的是「山簡醉酒」的故事，後人常以「山簡醉酒」來形容一個人喝醉酒時的瀟灑。

也許你會覺得很懷疑，怎麼可能？醉酒時還能很瀟

灑？……或許，這大概主要是想強調他是在什麼樣的情況之下醉酒的吧。

我們先來認識一下山簡（西元253～312年）是誰？

他是西晉的名士，「竹林七賢」之一山濤（西元205～283年）之子。

在西晉懷帝永嘉三年，山簡鎮守襄陽，擔任荊州刺史。當時正值天下分崩離析之際，朝野無不極為恐懼和憂慮，不知如何是好，在這樣的危難當頭，山簡卻像沒事一樣每天都在襄陽一座林池邊喝酒，當地孩童還為他做了一首山歌，描寫他從早喝到晚，才醉倒在車上回來的模樣：

山公時一醉，徑造高陽池，日暮倒載歸，茗艼無所知。

其中「茗芋」就是「酩酊」的意思。
七年之後，西晉就亡了。

使用筷子的禁忌有哪些？

中國很早就開始使用餐具，根據考古資料顯示，用勺子的歷史大約有八千年，用叉子的歷史大約四千年，用筷子的時間雖然還不是很確定，但至少也有三千年以上。

筷子是中國的傳統餐具，關於筷子的設計，飽含了很多中國文化的元素，比方說，筷子都是「一頭圓、一頭方」，圓的那頭象徵天，方的那頭象徵地，對應「天圓地方」，這是中國人對自己所處的世界一個基本的理解；又如，筷子的單位是「一雙筷子」，而不是「兩根筷子」，因為在中國人看來，「合二為一」代表著陰陽結合，意味著完美的結果。

筷子也是中華飲食的重要標誌。在先秦時期，勺子和筷子的分工已經很明確，人們用勺子來吃飯，用筷子來吃羹裡頭的菜。

古人把筷子稱做「箸」，「下箸」就是用筷子來夾食物，「難以下箸」就是說眼前這些菜都不合胃口、都不知道該夾什麼，倒不一定是說眼前的食物都很難吃，因為都沒下

箸、都沒吃到了，怎麼知道好吃不好吃呢？

由於筷子如此重要，如何使用筷子自然也就是餐桌禮儀的一部分。長久以來，好些關於使用筷子的禁忌也一代又一代的傳了下來。最大的忌諱就是在用餐前，或是在用餐的過程中，把筷子長短不齊的放在桌上，這被視為是一種很不吉利的行為，會令人聯想到「三長兩短」。

為什麼「三長兩短」是很不吉利的意思呢？演變到近代還早已成為「意外、死亡」的一種含蓄的說法呢？

「萬一他有個三長兩短……」連續劇裡不是經常都這麼說的嗎？

這個典故，說起來有一點兒恐怖，原來是跟棺材板有關。因為每一口棺木都是用六片木材拼湊而成，棺蓋和棺底俗稱「天」與「地」，左右兩片叫做「日」與「月」，這四片都是長木材，前後兩塊近乎四方形的短料叫做「彩頭」和「彩尾」，這樣算起來一共需要四長兩短，可是由於棺蓋是在最後才蓋上，因此扣掉棺蓋之後就變成是三長兩短了。

其他還有像是用筷子敲擊碗盤，拿著筷子在菜盤上方來回移動、以及在菜盤裡翻來翻去，或是把筷子插在飯上像是上香一樣等等，都是使用筷子的禁忌。

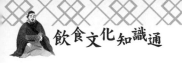

為什麼過生日要吃麵條？

在中國各地，民間傳統向來都有過生日要吃麵條的習俗，叫做吃「長壽麵」，這個習俗相傳是與漢武帝（西元前156～前87年）有關，那就是有兩千年以上的歷史了。

有一天，漢武帝與眾臣子在一起聊天，聊到壽命長短這個話題，漢武帝說，聽說一個人如果人中比較長，壽命就很長（「人中」就是鼻子下面、上脣上面的那個地方），而且聽說如果人中有一寸長，就可以活到一百歲……

在座的東方朔（約西元前161～約前93年）一聽，立刻哈哈大笑，把大家都嚇了一跳，覺得是對皇上很不敬。漢武帝問他笑什麼，東方朔說，傳說彭祖活了八百歲，那他的人中豈不是有八寸長，那想想他的臉得有多長啊！

彭祖是先秦道家先驅之一，先秦時期，在人們的心中已是一位仙人，西漢文學家劉向（約西元前77～前6年）的《列仙傳》更是把彭祖列入仙界，彭祖逐漸成為神話中的人物，傳說他的壽命很長，足足活到八百歲。

眾人聽了東方朔所言，包括漢武帝自己，也都笑了。

可不是嗎？漢代一寸相當於二點三一公分，如果一寸一百歲，彭祖的人中應該有八寸，那就是十八點四八公分，而人中只占我們臉部一小塊地方，一般人的人中應該都不到兩公分，按這樣的比例，彭祖一定有一張超級長、超級大的臉啊！

後來，有人就想到，「臉」不就是「面」嗎？要不然怎麼會有「臉面」這個詞呢？而「面」又跟「麵」同音，那麼，既然沒辦法擁有一張超級長臉，不妨就在過生日時吃長長的麵條吧！藉著吃麵條來表達對於長壽的祝願。

據說，過生日吃麵條的習俗就這樣傳下來了。

為什麼生孩子要送紅雞蛋？

紅雞蛋，滿臉串，

今年吃你的喜饃饃，明年吃你的紅雞蛋。

「喜饃饃」是一種在婚慶場合常見的傳統食品，有著十足的吉祥味兒。這首民謠所要表達的是對一個新娘子「早生貴子」的祝福，意思是說，今年你結婚，我們吃了你的喜饃饃，希望明年就能吃到你送的紅雞蛋啦，因為生了孩子就要送親朋好友紅雞蛋，讓大家一起分享增添家庭新成員的喜悅。這是一個由來已久的習俗。

這其中自然有很多文化上的因素，比方說，中國人特別喜歡吃雞，古人以雞為百禽之長，認為雞具有鎮伏妖魅的作用，而「雞生蛋，蛋生雞」，蛋既然是從雞而來，又能變成雞，那麼，蛋和雞一樣也具有某種神性，這樣的聯想似乎是理所當然的，古代民間甚至還頗盛行用雞蛋來占卜呢。

此外，基於「禍福相

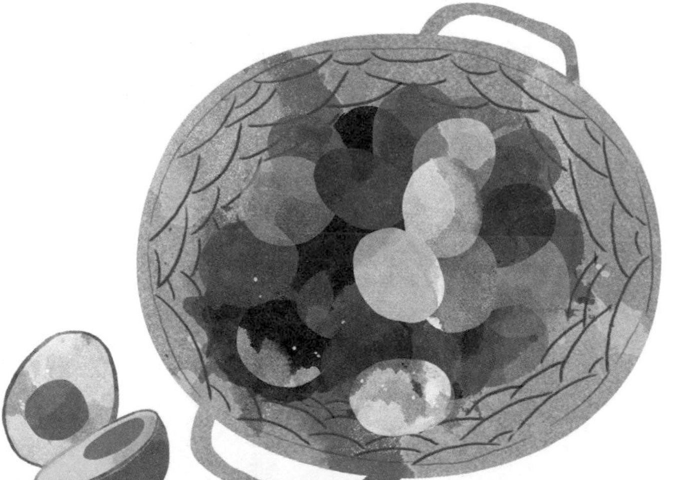

倚」的觀念，古人總認為凡是有什麼喜慶之事，必定會有妖魅來搗蛋，或者總擔心在某些特定的節氣與時辰，很容易會有疾病侵入，因此，每逢這些特殊的時刻，就要先吃蛋來做為防範。

在大家的心目中，吃蛋既然被視為具有辟邪、保平安等多種作用，紅色又在中國民間向來被視為喜慶吉祥的顏色，兩者相加的紅雞蛋就一直被視為祥瑞之物。

回到那首民謠，第一句「紅雞蛋」就是以一種聖物般的形象出現，而最後一句裡的「紅雞蛋」則成了報喜的標誌，呼應一開始的「紅雞蛋」，表示「紅雞蛋」產生的美好祝願已經實現。

什麼是「上座」？

都說「禮多人不怪」，可是有時候如果禮數太多，就算人家不怨怪，恐怕也會嫌麻煩，或至少會被弄得無所適從。

比方說，明明是一群人要一起**進電梯**（或是出電梯），可是當電梯門一開，偏偏誰都不肯率先踏出一步，光是在哪兒一邊按住電梯門，一邊推推拉拉拼命的說「請！請！請！」，然後沒一個人就範，結果弄得大家簡直都像是要打架似的，電梯門卻還是呆呆的開在那兒，一個都**沒進去**（或是出去），這可真要命。

反過來說，如果有時候我們不明白一些禮數，也會鬧笑話，或者讓主人不知道該怎麼辦，到最後就會弄得大家都很尷尬。

比方說，當你去參加什麼聚餐，如果聽到人家說「請上座」，可不能真的看哪兒有空就一屁股坐下去，萬一就那麼不巧坐到了「主位」，這個位置本來是要留給大客人的，現在被你坐了，人家要怎麼不著痕跡的讓你起來呢？

「請上座」，多半就只是「請入席」的意思，千萬別太當真！聽到這句話最好還是先在旁邊稍候一下，等主人的安排，等到時間差不多了，人家自然就會安排，也不會讓你一直罰站的。

那麼，什麼是「上座」呢？

「座」就是座位，所以「上座」就是最受尊敬的席位。

如果認真講究起來，排座次的學問很大，這也是中華飲食中一個重要的部分，我們總要稍微有一點概念。

中華料理一般都是以圓桌為主（但是當然也有方桌，譬如「八仙桌」、「四仙桌」），以圓桌來說，「以右為上」是基本原則，主賓都是被安排在主人的右手邊（這是真正的「上座」），第二主賓則是安排在主人的左手邊。

其他一些原則，則包括遠離房門、面向房門（視野比較好）都是比較好的位子，還有愈近首席，位次愈高，若同等距離，右邊的位子比左邊高等等。

什麼是醃菜？

從食品處理的角度來說，醃製實在是一種相當實用的技藝，是把肉、魚和蔬菜加入鹽巴與其他作料，進行保存的加工方法，這樣可以防止有害微生物的生長，延長食物的貯存期。

「醃菜」就是醃製蔬菜，是一種歷史悠久的蔬菜加工方法，最重要的意義就是在於貯藏，因為古代無論是交通運輸或是食品保存技術，都遠遠不像現在這麼發達，如果農民在夏天種的蔬菜太多，吃不完就只能爛在田地裡，可是到了冬天又沒有蔬菜可吃，而中華美食是講究葷素搭配的，即使是冬天，人們也會希望能夠吃到蔬菜，那該怎麼辦呢？

後來，有人就想到了一個辦法，不妨在冬天尚未真正來臨之前，把一些蔬菜先放進罈子裡儲藏起來，這樣即使是冬天不也還是有蔬菜吃了嗎？

當然，蔬菜在放進罈子之前要先做一些處理。

之前，人們從生活經驗中已經發現蔬菜如果沒有水分，以及抹上了鹽後，存放的時間就會比較久，因此，製作醃菜的第一步，就是要找一個好天氣，先讓蔬菜在陽光下至少晒上一個上午，澈底去掉水分，第二步則是把蔬菜放進罈子以後要記得撒上一把鹽。這樣到了冬天，打開罈子一看，蔬菜的顏色雖然都變了，原本翠綠的蔬菜這會兒都變成黃黃的了，但是並沒有壞，只要一嘗就會發現味道竟然挺不錯的。於是，醃菜的作法就這樣慢慢流行開來，逐漸成為農家抵禦寒冬的必備之物。

透過不斷的嘗試，大家對於在製作過程中的一些細節，譬如鹽分該如何把握，也愈來愈有心得。後來，醃菜不只是在冬天才會在飯桌上出現，慢慢也成為一年到頭中華料理中頗為重要的配菜，經常扮演著開胃小菜的角色，以及許多美食中不可或缺的配角。

比方說，川菜中的擔擔麵、乾煸苦瓜、芽菜肉末等等，如果沒有使用品質優良的芽菜，味道一定就會大打折扣；又如，浙菜中的「梅乾菜扣肉」，如果沒有使用質量上乘的梅乾菜來做搭配，整體的口感就會有極大的差距。

醃菜所使用的蔬菜很多，常見的有白蘿蔔、胡蘿蔔、黃瓜、大白菜、萵筍、辣椒、蒜薹等等。幾乎各地都有深具當地特色的醃菜，有些醃菜還漸漸擁有了全國性的知名度，譬如廣東、浙江的梅乾菜（也稱霉乾菜），江蘇的醃雪裡紅，四川的芽菜，重慶涪陵的榨菜，江蘇、江西、四川、雲南等地的醃大頭菜，雲南的乾巴菌韭菜花，安徽的醃香椿，北京、上海、安徽、江蘇、浙江等地的蘿蔔乾，貴州的獨山鹽酸菜等等。

時至今日，關於醃菜的製作也愈來愈講究。比方說，四川的芽菜，這不是豆芽菜，口味分鹹、甜兩種，是以芥菜中的光桿青菜為原料加工而成的醃製品，中間的工序還相當複雜。

此外，日本的醬菜、韓國的泡菜等等，也都是頗富盛名的醃菜。

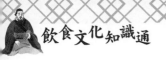

什麼是「滿漢全席」？

•中國宴席的演變

想要比較清楚的認識滿漢全席，必須先了解一下關於中國宴席的演變。

你一定聽過這麼一句話：

「天下無不散之筵席……」

這句話出自明朝劇作家馮夢龍（西元1574～1646年）的《醒世恆

言》，意思是說，團聚或是分離都是相對的，沒有團聚，哪來的分離，同樣的，沒有分離，又哪來的團聚?再進一步說，即使此時此刻是處於團聚，但終究還是要分離，就好像哪有任何一場筵席是怎麼吃也不散的呢？

儘管「筵席」早已被用來泛指「宴席」，其實這兩個詞的意思在古代是不大一樣的；「筵席」這個詞本來是指鋪在地上的坐具，在古代是指食用的成套佳餚及其檯面的統稱，而「宴席」則是指酒席，就是一種為了某種目的（結婚、孩子滿月、過生日、慶祝開張、慶祝喬遷之喜、慶祝金榜題名等等），有很多人出席，然後主人以酒飯來款待賓客的活動。

我們現在就不糾結於到底是「筵席」或是「宴席」，一律視之為「宴席」吧。

由於採取聚餐制，中國很早就有宴席的雛形，每當遇到祭祀或是慶典，大家聚在一起分享食物、喝酒聊天，兼而開心的高歌起舞，這就是最早的宴席。

到了夏商之際，也就是距今三千六百多年以前，農業、商業、手工業都逐步興盛起來，尤其是青銅器的工藝水平比較發達，使得人們的食品種類更加豐富，食具更加精美，烹飪技術也日益提高，甚至還出現了烹飪的專業人士，譬如古籍中所謂的「庖正」，就是掌管飲食之官。這些都為宴席的發展奠定了基礎。

商朝之後的周朝出現了「八珍席」，這可以說是中國最早的名菜席。按《禮記》記載，周朝王宮貴族一桌宴席的菜餚往往已經多達三十多道，頗為可觀，而《禮記》中對於菜餚的設計、主客的席次，還有進餐時一切的繁文縟節也都有所記載，到這個時候，宴席就已經不僅僅只是一種社交活動，而是已經上升到禮樂教化的層次。

周朝，包括西周以及東周（春秋戰國）一共近八百年（西元前1046～前256年），周朝之後是秦漢，秦漢時期宴席的色、香、味、形、器五大屬性已經完全具備，食材非常豐富，素菜開始興起，麵點的製作也是精美多樣，再加上餐桌陳設、進餐時的音樂也都相當講究，宴席十分熱鬧。

到了隋唐五代時期，宴席就更加奢華了。出於一些特定名目的宴席都是在唐朝出現的，譬如新歲宴（慶祝元旦）、臨光宴（慶祝元宵節）、三殿宴（慶祝端午節）、賞月宴（慶祝中秋節）等。

五代之後的兩宋時期（北宋南宋加起來一共三百多年，從西元960～1279年），是中國餐飲史上承先啟後的重要階段，對於日後滿漢全席的形成有著非常重要的影響。

北宋時期經濟繁榮，京都汴梁（今河南開封）的知名餐館就有七十幾家，由於全國各地巨商大賈無不雲集於此，南北物產川流不息，自然也積極促進了全國烹飪技術和宴席的發展。南宋雖然偏安臨安（今浙江杭州），尚食之風不僅毫無減少，反而還比以往更甚，許多北方名廚隨著朝廷南渡，然後紛紛在臨安落戶，重新開起了餐館，也形成了「南料北烹」的特殊現象，也就是說雖然食材是就地取材（「南料」），可是烹飪方法還是比較採取北方菜的作法（「北烹」），因而形成了嶄新的菜餚體系。滿漢全席的特色之一就是集南北名餚之大成，這個特色就是在這個時候發展起來的。

宋朝之後的元朝（西元1271～1368年），隨著民族融合，漢族以外的菜餚也陸續進入宴席的菜單。

到了明清時期，宴席的發展可說已進入完全成熟期，在明成祖遷都北京之後，南北菜餚匯聚北京，有了進一步的交融。與此同時，隨著「八仙桌」的問世，大家對於宴席座次的尊卑也比以往要更加講究。

應該特別一提的是，在清朝初年、滿族剛剛入關時（在西元第十七世紀上半葉），滿族的飲食習慣和烹飪技術在宮廷中占了主導地位，但由於在御廚中仍然有漢人，因此，這樣的主導，一方面固然是抑制了漢菜的發展，但另一方面卻也為滿漢飲食的交匯融合提供了某種可能。

・滿族和漢族的飲食融合

滿族是中國北方一個古老的民族，主要聚居在黑龍江、吉林、遼寧和河北四省和內蒙古自治區。按史籍記載，滿族的先祖最早見於商周時代，五代時被稱為女真，之後歷代便一直沿用這個名字。

在戰國時期以前，滿族人主要是以遊牧、狩獵和採集野生食物為主，到了戰國時期才開始種植五穀，不過飲食型態仍以燒烤為主。南北朝（西元420~589年）以後、也就是西元第六世紀末以後，大批的滿族都結束了遊牧生活，來到富饒的松花江上游和長白山北麓定居。從此，他們在繼續狩獵、捕魚的同時，也開始種植五穀和圈養家畜，生活的穩定令他們行有餘力來改善生活品質，其中就包括烹飪技藝的提升。

在清入關之前，即使是貴族、甚至是有君王出席的宴席也仍算是比較簡單，一般都是火鍋配以燉肉，燉什麼肉呢？是以豬肉為主（這是滿族最喜愛的肉類品種之一），其次是牛羊肉和其他的獸肉。

在入主中原以後，滿族的傳統飲食文化自然就這樣被帶到了中原。在清朝初年，社會上普遍還有一股反清的氣氛，導致清廷對其他民族存有很強的戒備心理，影響所及，御廚也幾乎都是滿人，即使有少數漢族的廚師，也不敢擅自料理漢菜。因此，清初的宮廷飲食仍是清煮和燒烤兩類（但其中的工序其實也不簡單，也是非常考究的）。

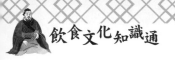

接下來，隨著清王朝的穩定和強盛，統治者自信十足，表現在烹飪上就不再那麼排斥漢菜，而開始改採一種海納百川、兼容並蓄的作法，開始慢慢吸收漢族以及其他民族的飲食精華，包括飲茶、釀米酒、製作點心等等。

與此同時，隨著時間的推移，滿族和漢族之間原有的民族矛盾也逐漸消除，滿族以外其他各族的人才開始有機會嶄露頭角（當然主要還是漢族），清太祖努爾哈赤（西元1559～1626年）甚至提出要對滿、漢官員執行平等的政策，無論是在編制或是宴席、娛樂中都要求維持一個均衡的局面，這麼一來，在宴席的時候，既要提供滿族的傳統菜餚，也要提供漢菜，就是一種自然而然的趨勢。這為清朝中葉「滿漢全席」的產生奠定了良好的基礎。

漢菜不再像過去那樣受到壓抑之後，很多漢族的廚師便開始有機會大展身手，於是乎漢菜在宮廷宴席中就愈來愈受到重視。

再說排場。在康熙皇帝（西元1654～1722年）後期，皇室的奢華之風漸起，在康熙皇帝的六十壽辰，宮廷首開「千叟宴」，康熙兩次宴賞老人，先後與兩千八百多位六十五歲以上的老人共宴，相傳康熙在皇宮首嘗滿漢全席，並親筆寫下「滿漢全席」四字，從而確定了滿漢全席的地位。

至康熙皇帝的孫子乾隆皇帝（西元1711～1799年）時期，滿漢全席真正達於成熟。除了因康雍乾盛世國泰民安、經濟繁榮，宴席自然

大為發展之外，乾隆本人在飲食上極為講究的作風，對於滿漢全席的發展也產生了很大的推動作用。為了表現帝王的氣派，乾隆經常傳令御膳房向天下四方搜羅美味，再將各地進貢的山珍海味烹調成各種滿、漢合璧式的美食供皇室享用，或賜宴群臣；每次巡遊，膳食也都是大張旗鼓，因為各個地方官在打聽到平常皇帝即使是很普通的一頓飯也都是幾十個品種，美食、麵點、瓜果、點心一應俱全之後，對於接駕時該如何安排皇帝的飲食，自然是不敢等閒視之。

經學者考證，滿漢全席最晚應在西元一七七一年以前就已經定型。有一個證據是乾隆在第五次巡遊山東時，將女兒嫁給孔府後代，在陪嫁品中有一套滿漢全席的餐具，一共四百零八件，可盛裝一百九十六道菜。這也是後來流傳下來僅有一套完整的滿漢全席的餐具。

・滿漢全席的興衰

滿漢全席既然是源自於宮廷宴席，是最高等級的權貴象徵，可想而知必然有一套極為嚴謹的進餐程序。

在開宴之前，赴宴者（全是官）必須全部身著正式的官服，在外膳房總理大人的指揮下，按照品位的高低（清朝的官員分為九品十八級，不在這十八級以內的就叫做「未入流」），分兩路進入宴會廳，然後乖乖恭候，等到皇帝一駕到，就要一起列隊恭迎皇帝，現場也立即鼓樂齊鳴。想想看這個畫面，夠氣派吧！

宴會廳的桌椅、桌裙、香案等等，裝飾華麗，自不待言，餐具當然也是非常講究，而且會有一些做成雞、鴨、魚等各種形狀的大件瓷器，稱之為「船」，用來盛裝食物，盛雞的叫做「雞船」，盛鴨的叫做「鴨船」，盛魚的叫做「魚船」等等。

餐具都是由金、銀、玉、象牙、精美瓷器等極為昂貴的材質所製作，除了考究，也有很多巧思。比方說，有一種採用錫制的食器，叫做「水套子」，有內外兩層，內層盛羹湯，外層裝沸水，以此來保持羹湯的溫度。

至於菜餚，那更是極盡奢華之能事。到底有多奢華呢？以菜餚的數量來說，少則五十幾道，多則兩百多道，很多時候則都是一百零八道，為的是圖「一百零八」這個長期以來被民間一直視為非常吉利的數字。

這麼多道菜裡頭，包含著漢、滿、蒙、回、藏各族的精品菜式，簡直就是一個中華美食大觀，而這些菜該怎麼搭配、怎麼上、先上什麼再上什麼，自然也都有一整套細緻的安排。在上菜時大多為四件或八件一組，成龍配套，分層推進，條理分明，務必要顯得多而不亂，廣而不雜。

在食材方面，那也真是廣泛到不能再廣泛，簡單來講就是天上地下無所不包，不過，以現在的標準來看，不少「食材」都已不合保育觀念就是了。

烹調方式自然也是極為多樣，既有突出滿族菜餚特色的燒烤、火鍋、涮鍋等，也有表現漢族烹調特色的炸、熘、燒、扒、煨、燉等等，令人眼花撩亂。

由於菜式多，在宴飲中也穿插了一些餘興節目，像是聽戲、打牌、逗寵物等等，讓大家的胃消化一下，然後再回頭繼續奮鬥，繼續吃！

同樣也是由於菜式多，有的滿漢全席是分三餐品嘗，也就是要吃一整天，有的是要吃兩天，還有的需要吃三天、一共要吃九頓才吃得完！

清朝亡了以後，滿漢全席本來也幾乎就要跟著走入歷史，直到二十世紀六〇年代，很多來到中國的觀光客都對充滿皇家風味的滿漢全席感到好奇不已，於是，滿漢全席就這樣在民間再度現身，雖然在規模上當然不比皇家，但也已經夠驚人的了。西元一九六五年，香港金龍酒家應一個日本旅遊團的要求，率先嘗試以傳統方式來製作滿漢全席，一共上了七十二道菜餚，大獲好評。

之後便影響了新加坡、日本、東南亞等地的中國餐館，也都紛紛推出了滿漢全席。緊接著，中國大陸的北京、廣州、山東、江蘇、遼寧各省，也都有愈來愈多的餐廳開始承辦滿漢全席。只要一說是「滿漢全席」，就算不可能完全按照過去的皇室標準，也會讓人一聽就覺得很氣派，而且這樣的宴席，總會讓人立刻就得到一個「菜餚一定非

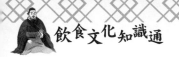

常豐富」的印象。

難怪不少人都說，滿漢全席雖然是興起於宮廷，後來卻是由民間來發揚光大。

酒的故事

陳酒佳釀裡的百態人生

釀酒始祖——杜康

三國時代曹操（西元155～220年）的〈短歌行〉中有這麼一個詩句：

何以解憂？唯有杜康

什麼是「杜康」？聽起來怎麼好像是一個人名？

這本來確實是一個人名，可是後世經常會用這個名字來代表一個飲品，那就是酒。

所以曹操這兩句詩句的意思是，要靠什麼來排憂解悶呢？唯有狂飲一番方可解脫啊。

杜康是誰？按《史記》記載，他是夏朝的國君。夏朝（約西元前2070～前1600年），是中國有史記載第一個世襲制的朝代。對曹操來說，杜康是一個距離他一千七百多年以前的古人。（曹操距離我們則至少是一千八百年左右。）

關於酒的起源有很多種說法，不過，後世公認真正有關係的就是杜康。在民間傳說中，杜康生活的年代比夏朝更早，相傳他是黃帝時代的人，那就是比夏朝還要再早好幾百年、幾乎接近一千年了，因為黃帝的生卒年根據學者考據是在西元前二七一七～前二五九九年。

黃帝是中國遠古時代華夏部落聯盟的首領，是華夏民族的共主。相傳杜康是為黃帝管理糧食。隨著農耕技術的發展，每年都大豐收，

最初杜康是把大家吃不完的糧食都儲存在山洞裡，可是山洞陰暗潮溼，沒多久糧食就全部都腐爛了，後來杜康就改把糧食儲存在樹林裡一些枯死大樹的樹幹裡。過了一段時間，杜康來查看糧食，看到在樹幹附近橫七豎八躺著好多動物，乍看像是死了一樣，可實際上牠們並沒有死，過了好一會兒（會不會是被杜康

踢了一腳以後？），一個個又都爬了起來，然後搖搖晃晃的走了。杜康覺得很奇怪，仔細觀察，原來那些盛裝糧食的樹幹裂開了一些縫，正在朝外頭不斷的滲水，那些動物們似乎都是因為舔了這些水分才一一被擺平的。

樹幹裡怎麼會有水呢？杜康湊近一聞才發現原來不是水，因為一股異香正撲鼻而來，令他忍不住也大著膽子嘗了一下，居然是一種他從未嘗到過的味道，滋味特別的好。

這就是酒。後來，酒很快的就普及開來，杜康也就被大家尊稱為「酒神」，之後歷代典籍都記載著「杜康作秫酒」，「秫」俗稱高粱，在古代是指那種有黏性的穀物。

在民間傳說中，關於杜康造酒還有一個滿有意思的小故事。

話說一天夜裡，杜康夢見一個有著一把白鬍鬚的老者（這似乎是民間傳說中神仙的標準造型），老者告訴他，將賜他一眼泉水，如果他能在九日之內到對面山中找到三滴不同的人血，滴入其中，就可得到世間最美味的飲品。到了早晨，杜康一覺醒來，剛一出門，果然發現門前冒出一個泉眼。所謂「泉眼」，是指流出泉水的小洞或是裂縫。

杜康看這泉眼裡的水那麼清澈透明，明白是神仙所賜，便立刻出發到對面的山中想要找三個不同的人，收集三滴不同的人血。

一連找了兩天，什麼人也沒碰到。第三天，杜康遇到一個文人，他很高興，經過一番攀談，磨了半天，對方總算同意咬破手指，滴了一滴血給杜康。

杜康繼續尋找。到了第六天，他遇到一個武士。杜康覺得武士也不錯，而且武士很乾脆，聽了杜康的要求，馬上用刀割破手指，這樣杜康就收集到了第二滴血。

現在，只差第三滴血了。可是，接下來杜康找了兩天，又是什麼人也碰不到，到了第九天，這是期限的最後一天了，杜康找了半天，硬是沒看到什麼人，好不容易總算在一棵大樹下看到一個神情呆傻之人，反應很遲鈍，還會不時嘔吐，渾身髒得要命，杜康實在很不想要這個傢伙的血，可是，眼看沒有時間了，無奈之下還是只得向這人收集了第三滴血。

杜康回到家，把這三滴血滴入泉眼，只見泉水立刻翻滾起來，不一會兒就熱氣騰騰，香氣撲鼻，一嘗之下口感獨特，果真是世間難得的美妙飲品。

由於這個飲品是花了九天的時間，又有三滴不同的人血，才告造成，所以杜康就命名為「酒」，大概是因為「酒」與「九」同音，

「酒」這個字的部首是水，那三點就代表著三滴不同的人血。

同時，也正因為三滴人血是來自於文人、武士和傻子，所以據說當人們聚在一起喝酒的時候，也是按照這三個「順序」；一開始大家都斯斯文文，人模人樣，等到氣氛愈來愈熱，就愈來愈放開，表現得愈來愈豪氣，不僅扯著嗓門高聲談笑，乾杯之聲更是不絕於耳。這是喝酒的前兩個階段。等到喝多了，第三個階段就進入了傻子的階段，口齒不清，顛三倒四，還又髒又傻，人見人厭。

無論如何，中國是世界上具有悠久釀酒歷史的國家之一，早在殷商時期的甲骨文裡就已經有了酒的象形字，而從考古和歷史文獻記載來看，夏朝就已經出現了酒器，商朝已經有了「酒池肉林」的傳說，因此學者推斷杜康生活的年代應該不晚於夏商時期。

到了周朝，中國的釀酒技術已經發展到相當的水平，商末周初了不起的政治家周公（生活年代約西元前十一世紀下半業），還特別頒布過〈酒誥〉，希望樹立提倡優良的酒風。

荊軻和高漸離的故事

當親友即將遠行，我們設宴為他送行，表示一種惜別與祝福，這叫做「餞行」。這個習俗歷史悠久，從上古時代就有了。

距離今天兩千兩百多年以前、也就是戰國末年，在今天河北省易縣境內的易水邊，有一場著名的餞行。設宴的主人是當時燕國的太子，接受招待的是一位名叫荊軻的人，他是奉太子丹（生年不詳，卒於西元前226年）之命，要從易水這裡出發，準備去進行一個轟轟烈烈的行動，這個行動後來被記載在史書裡，所以世人儘管都不知道荊軻出生於何年，可都因此知道了他的卒年，那就是在西元前二二七年。這一年，荊軻赴秦國去行刺秦王嬴政，也就是日後的秦始皇（西元前259～前210年）。

荊軻是春秋時期齊國大夫慶封的後代，古時候「慶」和「荊」的讀音很相近，所以也有人稱他為「慶卿」或「慶軻」。

荊軻為人慷慨俠義，喜歡讀書擊劍。他在戰亂時逃亡到燕國，認識了高漸離。高漸離

以賣狗肉為生，擅長擊筑（這是古代一種擊弦樂器，有十三弦）。兩人成為好友之後，經常在一起喝酒聊天，大談時事。高漸離擊筑的時候，荊軻總會大聲相和。

戰國時期本是秦、齊、楚、燕、韓、趙、魏等「戰國七雄」爭霸的時代，但是在西元前二三〇年，秦國首先滅了韓國之後，標誌著秦國的統一戰爭已全面展開，剩下的五國都很緊張。

滅了韓國之後，秦國第二個目標是趙國，接著就揮師北上，逼近了燕國，轉眼大軍就要靠近燕國的南境了。太子丹之前曾經在秦國做過人質，受到過不好的對待，本來就恨透了秦國，現在眼看秦王已經啟動殲滅六國的戰爭，而且已經滅韓破趙，來勢洶洶，這可怎麼辦呢！太子丹在驚懼之中，想到一個速成的解決辦法，那就是趕緊找一個刺客去行刺秦王，心想只要秦王一死，那就萬事大吉，燕國就安全了！

經人推薦，太子丹找到了荊軻。一開始，荊軻是拒絕的，可是太子丹不死心，仍然繼續遊說，終於，荊軻答應了。

接下來要考慮的就是，該怎麼接近秦王？

荊軻對太子丹說，要去秦國容易，要讓秦王接見他，並且信任他，讓他有機會近身，這就很難了。荊軻想到一個計謀。

當時有一位秦國的叛將，名叫樊於期（生年不詳，卒於西元前227年），此時正藏匿在燕國，受到太子丹的保護，荊軻說，只要能向秦王獻上樊於期的人頭，以及燕國督亢的地圖（督亢是燕國的富饒之地，在今河北省涿州市東南），假意表示燕國的歸順，一定就能夠取信秦王，獲得秦王的接見。

可太子丹不忍心殺樊於期。荊軻只好私下去見樊於期，告訴他太子丹派自己去行刺秦王，但苦於無法接近秦王。樊於期在得知荊軻的來意之後，就拔出寶劍往自己的脖子上一抹，自殺了，也就是主動獻上了自己的人頭。

不久，帶著樊於期的人頭以及燕國督亢的地圖，荊軻準備出發。臨行前，太子丹率眾人在易水邊為荊軻餞行，高漸離也來了。隨著高漸離擊筑，荊軻吟唱著「風蕭蕭兮易水寒，壯士一去兮不復還」，在場很多人聽了，都默默流下淚來。

大家都知道，包括荊軻自己也很清楚，今日一別，不管行動成不成功，他是都沒可能活著回來了。

餞行的氣氛無疑是非常悲壯的……

後來，荊軻失敗了，在秦國大殿之上當場被殺。死前，已深受重傷的荊軻靠著一根柱子，仰天大笑。他盡力了。

這次的行動當然是惹惱了秦王，秦王大怒，翌年就派軍攻占了燕都薊城（今北京），燕王喜和太子丹逃往遼東。四年後，秦軍在遼東虜獲燕王喜，燕國滅亡。

至於太子丹，則是在與父親一起出逃至遼東不久，就被父親給殺了。當時，燕王喜見逃到遼東之後，秦軍仍在後頭猛追不捨，非常焦急和恐慌，這時有人就建議不如趕快殺了太子、獻上太子的人頭向秦王求和吧，誰叫太子搞出行刺那件事，難怪秦王會那麼生氣！

行刺事件發生的六年後，當年的「戰國七雄」當中，六國都被秦國所滅。秦王花了十年的時間，完成了統一，結束了五百多年充滿戰亂的春秋戰國時代，建立了中國歷史上第一個大一統的王朝。

不過，荊軻行刺秦王的故事還有一個尾巴。

在秦朝正式開啟以後，始皇帝聽說高漸離是擊筑高手，想請他來王宮為自己演奏。秦朝的情報工作自然是做得很好，在一了解到高漸離是荊軻的好友，為了防備，竟然非常殘忍的先把高漸離的眼睛給弄瞎，再把他帶到皇宮來。

然而，這天的皇宮音樂會還是很不平靜。原來，高漸離一知道秦始皇要召見自己進宮去演奏，馬上火速做了一個決定，為了這個決定，他連忙往自己的筑裡灌鉛。他的動作很快，在自己失明之前，已經把鉛給灌好了。

那天，高漸離先使出渾身解數，呈現了非常美妙的音樂，再趁著秦始皇聽得入迷之際，舉起自己的筑就朝著秦始皇的頭部猛砸過去……

不用說，這一次的行刺也失敗了，高漸離也隨之被殺。

幾年前，太子丹想行刺秦王，是想阻止秦王兼併六國的腳步，而高漸離之行刺秦始皇，據後人猜測，應該多半是為了想要為好友荊軻報仇吧。

曹操「煮酒論英雄」

曹操「煮酒論英雄」的故事，並不見於正史，這是元末明初小說家、《三國演義》的作者羅貫中（約西元1330～約1400年），根據《三國志．蜀書．先主傳》的一些相關記載改編而成。要不然《三國演義》這個書名怎麼會帶個「演義」呢？所謂「演義」的重要特質之一，就是取材自正史然後做不同程度的虛構。

這一段故事是發生於當曹操在白門樓殺了呂布以後，就帶著劉備（西元161～223年）、關羽（約西元160～220年）和張飛（西元167～221年）三個人回到了許昌（位於今河南省中部），許昌是東漢末年的都城。

其實，曹操身邊的謀臣早就有人認為應該盡早除掉劉備，因為劉備畢竟是有漢室血統，就連獻帝也稱劉備為「皇叔」，再說整天跟在劉備身邊的關羽和張飛又都是猛將。可是曹操說，放心吧，劉備完全在我的掌控之中，有什麼好怕的。

不過，曹操雖然嘴巴上這麼說，心裡當然不可能對劉備毫不在意。

而劉備呢，此時投奔曹操、寄人籬下實在是不得已，說白了就是因為沒有自己的地盤，無處可去，都怪他之前的地盤徐州被呂布給搶走啦，無奈之下，只好暫時跟著曹操回到了許昌。劉備當然希望這只是暫時的權宜之計，日後要再做打算，但是眼前為了不讓曹操惦記著自己，劉備刻意表現得非常低調，還在住處後方弄了一個菜園，每天高高興興的親自照顧，一副有個安身之處就心滿意足的沒出息樣子，目的是想要讓曹操相信自己胸無大志，不必提防。

關羽和張飛不了解劉備的心思，只感覺大哥劉備怎麼忽然變得這麼愛種菜，都有些嘀咕，甚至有些不滿，只差沒說，哎！人家曹操是老大，你好歹也是我們的老大，要有一點老大的樣子啊！

這天，劉備正在菜園裡忙著故作農家樂，曹操派人前來請他過去參加青梅酒宴。劉備的心裡咯噔一下，因為他最不希望的就是被曹操注意到，曹操如果能把他當空氣最好，怎麼現在突然要請他吃飯喝酒呢？但是，曹操請客，又不能不去，於是乎只好硬著頭皮去了。

劉備來到小亭，只見青梅和酒都已經準備好啦，曹操也已經等在那裡啦，劉備趕快坐下來，和曹操對坐，然後兩人就開始開懷暢飲，邊喝邊聊。

酒過幾巡（就是互相敬來敬去了幾回、宴席剛剛開始沒多久的意思），天色忽然暗了下來，烏雲密布，眼看馬上就要下大雨，隨從們遙指遠方天空出現的龍形雲彩，都嘖嘖稱奇，曹操和劉備聽到了，也一起過去靠著欄杆欣賞。

這時，曹操冷不防的問劉備，嗨，你知道龍的變化嗎？劉備心裡一驚，覺得這個問題沒頭沒腦，不知道是什麼意思，馬上回道，我不知道，曹操說，龍這種東西非常奇特，牠能大能小，能升能隱，大則吞雲吐霧，小則隱介藏形，升則飛騰於宇宙之間，隱則潛伏於波濤之內……曹操講了一大堆龍的特色，就在劉備還一頭霧水，搞不清曹操為什麼要跟自己說這些的時候，曹操說，我覺得這個龍就像世間的英雄，閣下你閱歷豐富，見多識廣，不妨說說看，你覺得當今誰稱得上是英雄？

劉備一聽，又是一驚，因為他沒想到曹操會從龍的話題一下子便跳到要論天下英雄，這可是一個危險的話題啊。

劉備說，哎，我是普通人，我這一雙肉眼，哪裡看得出誰是英雄！

曹操不理會，教劉備不必過分謙虛，要劉備就說說看吧。

劉備實在不想繼續這個話題，便還是一個勁兒的推脫，說自己認識的人不多，實在不知道當今天下誰比較英雄，可曹操依然不肯放鬆，退一步追問道，沒見過面不要緊，只要你聽過他的大名就可以了，你就說說看吧，你說，你認為誰算得上是一個英雄？

一心想要裝糊塗的劉備被逼得沒辦法，只好小心翼翼的說，淮南的袁術，兵糧足備，應該可以稱之為英雄吧？曹操說，袁術？他算得上是什麼英雄！我早晚會把他給抓了！還有呢？劉備說，那——河北的袁紹呢？他出身高貴，今天又占據著冀州，很多部下都很能幹，他應該可以稱得上是一個英雄了吧？曹操還是不以為然，把袁紹批評了一通，說袁紹是一個紙老虎，又好謀無斷，目光短淺，哪裡是一個英雄！

一連被曹操給否決了兩個，而且曹操還繼續進逼，要劉備說說在他心目中還有哪些英雄人物，劉備怎麼也沒法迴避，只得又提出好幾個人選，包括劉表啦、孫策啦、張魯啦、韓遂啦，都是當時的風雲人物，但仍然每一個都遭到了曹操的否決，曹操都不認為這些人有什麼好英雄的。

最後，劉備真的沒轍了，只得說，那我實在是不知道了。

曹操哈哈大笑說，所謂英雄，一定要是胸懷大志，腹有良謀，有包藏宇宙之機，吞吐天地之志者。說到這裡，曹操停了下來，一副要劉備接腔的樣子，可劉備當然不敢隨便接腔，生怕會說錯話，只好還是裝傻道，哇，要這麼厲害才能稱之為英雄，那誰夠格啊。

這時，曹操就看著劉備，一字一句的說，依我看，當今天下英雄，就只有你我二人而已。

啊！完蛋了！劉備心想，糟糕！原來自己真實的想法還是被曹操給看出來了！他一慌張，手一抖，筷子都掉到了地上！

說來也真巧，偏偏剛好就在這個時候，天空響起了一聲巨雷，劉備便腦筋一轉，趁機解釋，說他被雷聲嚇了一大跳，連筷子都掉了，真是失態，真是不好意思，請曹操原諒。

堂堂一個男子漢，居然會被雷聲給嚇到？曹操遂認定劉備只是一個膽小鬼，不可能成什麼大事，此後便不怎麼提防他。

幸好劉備的演技好，在曹操面前掩飾了自己的雄心，如果他的演

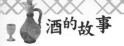

技不行，被曹操早早給除掉，諸葛亮（西元181～234年）就沒有機會登上歷史舞臺了！

因為，在這一次的「煮酒論英雄」之後，劉備就下定決心要盡快脫離曹操的掌控。「三顧茅廬」，把諸葛亮給請出山，是後來的故事。

陶淵明〈飲酒二十首〉

結廬在人境，而無車馬喧。
問君何能爾，心遠地自偏。
採菊東籬下，悠然見南山。
山氣日夕佳，飛鳥相與還。
此中有真意，欲辨已忘言。

這是東晉至南北朝詩人陶淵明（約西元365～427年）的傳世名作。大意是說，我的家雖然在人來人往的環境之中（「結廬」就是建造房子，「人境」就是人間），可從來沒有那些煩人的應酬以及車馬的喧鬧；若問我怎麼能夠如此超凡灑脫，其實只要心靈遠離塵俗自然就能保持幽靜；在東牆下採擷清菊，心情徜徉，偶然抬頭歡喜的見到南山（指廬山）絕妙的勝景；暮色中看到縷縷彩霧縈繞升騰（「日夕」是傍晚），鳥兒結伴而還；此時此地的情

景與心境（指隱居生活），我該怎麼樣來表達其中的深意呢？（「忘言」其實是有不必說、也不屑說的意思。）

這麼一首優美的田園詩，看看題目，很可能會讓人覺得有一點兒摸不著頭腦，怎麼居然是叫做〈飲酒．其五〉呢？事實上這是陶淵明一組五言詩〈飲酒二十首〉中的第五首，前四句寫擺脫世俗煩惱之後的感受，後六句寫南山在傍晚時分美好的景色，以及詩人從中獲得的無限樂趣。

在中國文學史上，陶淵明是田園詩派的創始人，是第一個大量寫飲酒詩的詩人。從中國詩歌的發展史來看，詩和酒可說是在很早以前就結下了不解之緣，而在以酒入詩的詩人當中，陶淵明著實是一位突出的人物，根據統計，在陶淵明現存的一百四十二篇詩文作品當中，說到飲酒的一共有五十六篇，大約占其全部作品的百分之四十，這個比例算是相當高了。

陶淵明是一個相當率真的人，從來都不諱言自己愛喝酒。在那篇帶有他濃厚自傳色彩的〈五柳先生傳〉中，就有這樣的描述：「性嗜酒，家貧不能常得。親舊知其如此，或置酒而招之；造飲輒盡，期在必醉。既醉而退，曾不吝情去留……」

意思就是說，天性喜歡喝酒，但因家境貧寒所以不能常喝，親戚朋友們知道他這種情況，有時便擺了酒席來招待他。每次他去喝酒就喝個盡興，總希望喝醉為止，喝醉了就回家，竟然說走就走……

這說的可不就是他自己呀。

陶淵明為什麼會寫這組〈飲酒二十首〉呢？

根據他自己的描述，翻成大白話大致是這樣的：

「我偶爾得到名酒，就無夜不飲，對著自己的身影獨自乾杯，很快就醉了，醉了以後，總要寫幾句詩來自樂，詩稿於是就愈來愈多……現在姑且請友人抄寫出來，以供自娛自樂。」

東晉以來，玄談之風大盛，所謂「玄談之風」，是泛指那些虛無縹緲、脫離實際的空論，但陶淵明的作品卻顯得十分實在和獨特。這多半是因為出身於一個沒落仕宦家庭的陶淵明，在二十八歲以前，由於父親早死，生活一直頗為艱辛貧困，後來在經歷了幾次「做官、罷官」之後，終於毅然歸隱於田園，並且在躬耕實踐中找到了人生的真諦，真正得到了精神上的滿足。

所以，儘管陶淵明和當時很多文人一樣也受到老莊崇尚自然的思想的影響，然而他所理解的「自然之理」，是與儉樸而充實的田園生活緊緊聯繫在一起的，也就是說，他所追求的「自然之理」，是深入在純樸踏實的田園生活之中，這是陶淵明詩作在當時獨樹一幟的主要原因。

而陶淵明的飲酒詩，以酒寄意，詩酒結合，以「醉人」的語態，來表達豐富的語境和情緒，有時是指責顛倒黑白的上層社會，有時是反應仕途的險惡，有時是表現自己退出官場以後怡然自得的心情，有時又不免藉此發發牢騷……陶淵明多半是有些借酒澆愁，也有些真真假假，虛虛實實，他大概是希望就算自己說得不對，大家也就當成是一番酒後的胡話好啦。

不過，即使從陶淵明大量的飲酒詩中能不時讀到他對現實的不滿，以及一些類似苦悶和感慨，但大體而言，整體風格還是曠達的，還是可以強烈感受到他對於田園生活的喜愛，充分表現出他高潔的道德情操，以及安貧樂道的生活樂趣，呈現出一種獨特的審美境界。

酒仙——李白

是的，你沒看錯，「詩仙」李白（西元701～762年），同時也有「酒仙」這個稱號，不過，這個稱號當然是不帶惡意的，在古人的觀念中甚至是一種讚美，是和「詩仙」相輔相成，因為喝了酒之後的李白，似乎更是才華洋溢，靈感源源不絕。

光是提到酒的詩句，李白就寫了很多很多，大多還都成了名句，譬如：

- **「花間一壺酒，獨酌無相親。舉杯邀明月，對影成三人。」**——出

自〈月下獨酌〉

喝酒不一定要跟朋友們在一起小酌或是痛飲（「牛飲」好像就太不斯文啦），有的時候自己一個人喝也會很有樂趣，至少可以邀請高掛在天空的明月一起來喝呀！而且由於是晚上，如果明月和我、再加上我的影子，不就是三個人了嗎？夠熱鬧了啊！

- **「五花馬，千金裘，呼兒將出換美酒，與爾同銷萬古愁。」**——出自〈將進酒〉

有什麼值錢的東西就趕緊拿出來，趕緊去換美酒吧，只要與好友在一起喝個痛快，就什麼煩惱也沒有了。

- **「岑夫子，丹丘生，將進酒，杯莫停。」**——出自〈將進酒〉

喝呀喝呀，再來一杯，不要停下來呀！

- **「唯願當歌對酒時，月光長照金樽裡。」**——出自〈把酒問月〉

人生苦短，只希望每次對著酒杯放歌之時，月光都能長久的照在金杯裡。

- **「但使主人能醉客，不知何處是他鄉。」**——出自〈客中行〉

只要主人和我一起盡興暢飲，一醉方休，我才不管這裡是哪裡呢，是在我的故鄉還是在異鄉，都無所謂！

總之，李白愛喝酒是有名的，那麼，他的酒量如何？究竟有多能喝呢？按李白自己的說法是，「百年三萬六千日，一日需飲三百杯」（〈襄陽歌〉），甚至「三百六十日，日日醉如泥」（〈贈內〉）。

「一日需飲三百杯」、「日日醉如泥」，即使是文學上誇張的手法，但實際情況如何，恐怕也是很夠瞧的，尤其「日日醉如泥」是出自〈贈內〉，「內」就是「內人」，也就是說這首詩是李白送給老婆的，頗有些自嘲的味道，因為如果一個女人天天都得面對爛醉如泥的丈夫，隨時照料，可想而知一定頗為辛苦吧。

李白大多數寫到跟喝酒有關的詩，都是流露出一股奔放和豪情，但也有一些是帶著愁緒。譬如下面這幾句也很有名：

「金樽清酒斗十千，玉盤珍羞值萬錢。停杯投箸不能食，拔劍四顧心茫然。」——出自〈行路難．其一〉

李白的「行路難」有三首，這是第一首，寫於天寶三年（西元

744年），這年李白四十三歲，因遭受詆毀而被排擠出長安，在離開長安之前，有朋友出於友情不惜破費為李白餞行，李白一時感慨萬分，然後就寫了這首作品。

朋友有多破費呢？「金樽清酒斗十千，玉盤珍羞值萬錢」，意思就是說金杯裡裝的名酒，每斗要價十千，玉盤中盛裝的精美菜餚，收費萬錢……哇！這麼貴！難怪李白要放下酒杯和筷子，簡直吃不下去，而且在拔劍環顧四周之後，心裡感到十分的茫然……

「茫然」，可是一種比較低落的情緒啊。

（順便說一下，在古代不僅是俠士會佩劍，不少文人也都喜歡佩劍，這是一種身分的象徵。）

有人說，李白最厲害的一點，就是即使喝多了，酒不僅不會影響他的思路，似乎反而還會刺激他的大腦，讓他更能盡情揮灑自己的才華，無怪乎他留給世人的總是一副醉醺醺的印象。有這麼一個故事，很能支持這樣的觀點，這就是「高力士脫靴」的故事。

高力士（西元684～762年）是誰？他是一個宦官，對唐玄宗忠心耿耿。他不是那種只會拍皇帝馬屁的宦官，事實上他經常提醒唐玄宗不能因為寵愛楊貴妃而過分荒廢政事，一開始唐玄宗還勉強聽聽，後來就不愛聽了，等到安史之亂爆發，楊貴妃因士兵嘩變，最終被唐玄宗忍痛賜死，唐玄宗才悔恨交加，對高力士說，唉！真後悔沒有早聽你的話，以至有今日之禍。

「高力士脫靴」這個故事，也跟楊貴妃有關。那麼，是怎麼扯上李白的呢？

話說有一天，李白趴在長安街頭一家酒店裡呼呼大睡，突然來了幾個太監，說皇帝要召他進宮，但是李白喝得爛醉，怎麼叫也叫不醒，太監們急得要命，只好乾脆把他抬進宮裡。進了宮，李白還是醒不過來，太監只好朝他臉上潑了一盆冷水，李白這才慢悠悠的總算有些意識了。

到底是什麼事這麼急？原來是唐玄宗心血來潮，想要李白寫些新的詞，好讓宮裡的樂師們譜成曲子，因為現有的那些曲子，他跟楊貴妃都聽膩啦。

唐玄宗先命太監備好筆墨，再命李白寫歌詞。

李白席地而坐，略微思考了一下便準備要動筆了，可他覺得腳上的靴子不舒服，見到高力士剛好就在身邊，居然就把腳朝著高力士一伸，叫高力士幫自己把靴子給脫掉。

面對李白這個十分唐突的要求，高力士覺得非常的錯愕，可是，皇帝正等著聽李白所寫的歌詞，為了讓李白趕緊把歌詞給寫出來，高力士只好按捺住心中的不快，乖乖的為李白脫了靴。

沒一會兒功夫，三首〈清平調〉的歌詞就寫好了。

雲想衣裳花想容，春風拂檻露華濃……

這是〈清平調〉第一首的頭兩句，意思是說，雲朵想變做貴妃的衣裳，花兒想變為貴妃的容貌，貴妃之美，猶如沉香亭畔春風拂煦下帶露的牡丹……

唐玄宗看了，龍心大悅，馬上命樂師譜成了動聽的曲子。

杜甫「白日放歌須縱酒」及〈飲中八仙歌〉

李白是唐朝最了不起的浪漫主義詩人，杜甫（西元712～770年）則是唐朝最偉大的現實主義詩人，李白豪放，杜甫內斂，不過，杜甫和李白一樣，一生也有很多「以酒入詩」的作品，有人統計，在杜甫流傳下來的一千多首詩作中，談到飲酒的詩作多達三百首。

其中有一首杜甫在晚年所寫的作品〈聞官軍收河南河北〉，裡頭不僅談到飲酒，還聲稱自己要縱酒呢！「縱」有放任、毫不拘束的意思，「縱酒」就是要喝個痛快了！什麼事情能讓一個向來穩重、內斂的老人家如此激動呢？

（寫這首作品的時候，杜甫五十一歲，以古人的標準已經稱得上是老人家了。再過七年，杜甫就與世長辭，享年五十八歲。）

這首作品是這樣的：

劍外忽傳收薊北，初聞涕淚滿衣裳。
卻看妻子愁何在，漫捲詩書喜欲狂。
白日放歌須縱酒，青春作伴好還鄉。
即從巴峽穿巫峽，便下襄陽向洛陽。

這年春天，已持續了七年多的安史之亂（西元755年12月中～763年2月中）終於已近尾聲，安史之亂是唐朝由盛而衰的轉折點，爆發的時候，杜甫四十三歲，因逃難而過了好幾年顛沛流離的生活，如今忽然聽說唐軍在洛陽附近的衡水打了一個大勝仗，收復了薊北，很多叛軍將領都已紛紛投降，在剛剛聽到這個好消息的時候，杜甫簡直不敢相信，繼之喜極而泣，回頭看看妻兒，好一段時間以來始終籠罩在他們臉上的憂愁也立刻消失，而且一個個也都是喜不自勝，迫不及待的開始胡亂收拾東西，歡天喜地的準備要回家囉！終於要回家囉！大家等待這一天已經很久很久了！

就在這時，高興、激動得不得了的杜甫遂發下豪語，我要放聲高歌、痛飲美酒，趁著明媚的春光與妻兒一起回家囉！我要立刻從巴峽穿過巫峽，很快便到了襄陽，隨即就可以奔向洛陽啦！

「即從巴峽穿巫峽，便下襄陽向洛陽」，杜甫在兩句詩句中一口氣提到了四個地名，巴峽、巫峽、襄陽、洛陽，那種恨不得能夠插翅瞬間回家的心情真是流露無遺。

「白日放歌須縱酒」是說自己已到老年，原本應該是早就見過了很多事、經歷了很多事，照說應該是不容易再那麼激動的，可是現在這個淚滿衣裳的老年人，宣稱自己要放歌、要縱酒，要盡情宣洩壓抑已久的情緒，只能說真的實在是太高興了！

也難怪，安史之亂給國家社會帶來了巨大的災難，杜甫早就期待戰亂能夠早日結束

了；想當初，在太平歲月，能夠經常飲酒作詩，或是文友們三不五時便可以在一起小聚共飲，好不快活啊。

當年在杜甫剛到長安不久，曾經寫過一首〈飲中八仙歌〉，也是一首傳世之作。

按歷史上記載，賀知章、李白、張旭、焦遂等八位文人雅士，都在長安生活過，而且都擁有嗜酒、豪放和曠達等特點，被稱為「酒中八仙人」，杜甫採取人物素描的方式，為這八位文人寫了一首肖像詩，非常生動有趣。

比方說，打頭陣的是賀知章（西元659～744年）。

知章騎馬似乘船，
眼花落井水底眠。

這個賀知章呀，喝醉酒以後，騎著馬搖搖晃晃，看上去就好像是在乘船似的，有一回他喝醉了酒，老眼昏花掉到了一口井裡，竟然還在井底睡著了呢。

李白斗酒詩百篇，
長安市上酒家眠，
天子呼來不上船，
自稱臣是酒中仙。

這是描寫李白的部分。杜甫形容李白只要飲酒一斗，立刻就可賦詩百篇，太厲害啦，李白常常去長安街上的酒店喝酒，喝醉了就睡在酒家。一回，天子設宴，召李白過去為詩作序，可是李白因酒醉而不肯上船，還嚷嚷著自稱是「酒中仙」呢！

還有書法家張旭（約西元685～約759年），杜甫的描述是：

張旭三杯草聖傳，
脫帽露頂王公前，
揮毫落紙如雲煙。

雖然只有三句，但是信息很多。意思是說，張旭飲酒三杯就揮毫作書，被大家稱為「草聖」。張旭經常不拘小節，在王公貴戚面前脫帽露頂，振筆疾書，彷彿有若神助，他的草書就像雲煙流瀉在紙張上一樣。

最有趣的應該是焦遂了。焦遂是一個平民，可是卻與賀知章等這些文人並列「酒中八仙人」之一。據說他從小就有口吃的毛病，但令人大感驚奇的是，只要喝了酒，而且還必須喝很多，他口吃的毛病就會神奇的消失，甚至還會在酒席上高談闊論，經常語驚四座。因此，杜甫這樣形容他：

焦遂五斗方卓然，

高談雄辯驚四筵。

卓然，就是卓越、突出之意。大家都說喝了酒之後會讓人「判若兩人」，原來不全然都是壞的一面哪。

白居易〈醉吟先生墓誌銘〉

類似於陶淵明的〈五柳先生傳〉，唐朝詩人白居易（西元772～846年）也寫過一篇叫做〈醉吟先生傳〉的散文。

……宦遊三十載，將老，退居洛下。所居有池五六畝，竹數千竿，喬木數十株，臺榭舟橋，具體而微，先生安焉。家雖貧，不至寒餒；年雖老，未及昏耄。性嗜酒，耽琴淫詩，凡酒徒、琴侶、詩客多與之遊……

大意是說，有個叫做醉吟先生的人，不知道他的姓名、籍貫、官職，不清楚他是誰，只知道他做了三十年的官，老之將至，退居到洛陽。他的居處有個五六畝大的池塘，有一片竹林，數十株喬木，臺榭

〈古代宮室、宗廟中常見的一種建築形式，是一個敞廳，有柱無壁，規模不大，專供眺望和宴飲之用〉、舟橋規模雖小，但都一一具備，先生在這裡安逸的生活著。家中雖然清貧，但還不至於饑寒交迫；年紀雖然大了，但還不至於頭腦糊塗，不明事理。生性喜歡飲酒、撫琴、吟詩，凡是酒徒、琴友、詩客，很多都與他來往交遊……

儘管白居易說「不清楚他是誰」，但只要是稍微有一點概念的人都一望便知，寫的就是他自己。白居易享壽七十四歲，〈醉吟先生傳〉是白居易六十七歲時所寫的。

後來，在他晚年的時候，為自己寫了一篇墓誌銘。「墓誌銘」一般由「誌」和「銘」兩部分組成，前者大多是用散文的方式撰寫，交代死者的基本資料，包括姓名、籍貫、生平，後者則用韻文概括全篇，一方面對於逝者的辭世表示哀悼，另一方面也對逝者的成就表示推崇。墓誌銘可以說主要是對逝者一生的評價，大多由旁人來寫，偶爾也會出現逝者在生前自己來寫的情況。

白居易就是在生前為自己寫了一篇墓誌銘。這實在滿特別的，因為一般中國人、尤其是老年人，都很忌諱談到死亡。不，不僅是忌諱談起這個話題，恐怕多半是連想都不願意去想，因此，能夠為自己寫墓誌銘，這樣的做法本身就挺酷的。

白居易在這篇墓誌銘中，按照當時的習慣，先中規中矩的介紹自己的出身和履歷，然後交代在自己死後，要在自己的墓前立一石，「刻吾〈醉吟先生傳〉一本可矣」，算是正面印證了在〈醉吟先生傳〉裡頭所描寫的那位「醉吟先生」，就是自己。

正因為有了這篇墓誌銘，後世對於如何介紹白居易，就都是這麼說：

白居易，字樂天，號香山居士，又號醉吟先生……

西元八四六年，白居易在洛陽與世長辭，葬於香山。在他過世之後，歷代凡是來到洛陽遊玩的文人雅士，幾乎都會來到他的墓前憑弔一番，同時，大家都知道白居易嗜酒，因此只要前來拜墓，都不忘帶來好酒，這麼一來，在他墓前方丈寬的土地上就總是擺滿了四方好酒。

從歷代都會有不少人自動自發前來憑弔白居易這一點，就足以想見白居易的分量。確實如此，唐朝前後近三百年，白居易與李白、杜甫並稱為「唐朝三大詩人」。不過，李白和杜甫都是盛唐時期的大詩人，白居易所生活的年代則比較晚，在杜甫過世兩年後白居易才出生，他是唐朝中期極具代表性的詩人。

以風格來說，李白是浪漫主義詩人，白居易則和杜甫一樣，都是屬於現實主義的詩人。白居易的詩歌題材相當廣泛，形式也很多樣，「語言平易通俗」更是他作品的一大特色。

此外，除了李白和杜甫，白居易還與唐朝其他傑出的詩人並稱，比方說，因為與元稹（西元779～831年）共同倡導「新樂府運動」（這是一個詩歌革新運動），世稱「元白」，以及與劉禹錫（西元772～842年）又並稱「劉白」。

關於白居易的墓誌銘，還有一個後續的小故事。

在唐朝，過世之後的墓誌銘是一件很重要的事，譬如，杜甫生前並不出名，後來之所以能夠有那麼高的地位，很多人都說，在某種程度上，都是因為元稹為杜甫所寫的墓誌銘實在是把杜甫寫得太好，捧得太高了。元稹死後，自然是由他的好友白居易來替他寫墓誌銘。據說，白居易原本認為放眼文壇，沒人夠格來為自己寫墓誌銘，所以他才乾脆親自寫一篇，直到他認識李商隱（約西元813～約858年）後，白居易才改變了主意。兩人儘管相差了四十一歲，但還是成了忘年之交，白居易驚嘆於李商隱的才華，認為只有李商隱足以支撐詩壇，因此白居易要求李商隱為自己重寫一篇墓誌銘。此舉等於是他一個堂堂文壇前輩，給李商隱這個毛頭小輩一個天大的人情，送他一個名揚天下的機會。

李商隱確實出色，後來果真成了晚唐極具代表性的詩人。他是晚唐甚至整個唐朝為數不多、刻意追求詩的美感的一位詩人。可惜由於捲入了黨爭，一生都困頓不得志。

趙匡胤「杯酒釋兵權」

「杯酒釋兵權」是一句俗語，意思是指「一個主政者輕而易舉就解除了將領手中握有的兵權」，在這個過程中主政者倒不一定非要與這些將領（部屬）在一起喝酒，不過，這句俗語的典故卻真的是出自一場宴席。

這個故事的主人翁是宋朝的開國皇帝趙匡胤（西元927～976年）。趙匡胤並不是皇族，他之所以能當上皇帝，過程相當戲劇化，這又是另外一個成語、另外一個典故，叫做「黃袍加身」。

話說在五代後周時期，趙匡胤任殿前都點檢，是當時禁衛軍的最高指揮官。在後周世宗柴榮（西元921～959年）突發疾病而驟逝後（年僅三十八歲），趙匡胤看繼位的是年僅七歲的小皇帝，年幼可欺，便與心腹在翌年策劃了一場「陳橋兵變」。

西元九六〇年二月初，在陳橋這個地方（今河南封丘東南陳橋鎮），由趙匡胤眾多部下拿出一件事先準備好的、照說只有帝王才能穿的黃袍，強行披在彷彿是酒醉剛醒的趙匡胤的身上，齊聲擁戴他做皇帝。趙匡胤就這樣結束了超過半個世紀混戰不休的五代時期，建立了宋朝，是為宋太祖。

一年半之後，便發生了「杯酒釋兵權」事件。

那是在西元九六一年七月初，宋太祖把石守信（西元928～984年）等幾個禁軍高級將領，幾乎都是宋朝的開國將領，都一起找來喝酒，君臣同樂。在酒過數巡，氣氛相當熱絡的時候，宋太祖命周圍的人通通都退下，然後一臉凝重的對這些將領們大吐苦水，他說，唉！如果沒有你們的協助，今天我是萬萬不可能坐上這個位置的，可是我老實跟你們說吧，自從坐上這個位置以後，我就整天寢食難安，想想還是以前的日子比較自在，我真是羨慕你們啊！還是你們這樣比較好。

眾將領聽了都為之一愣，紛紛問道，皇上為什麼會突然這麼說？

（皇上您這是什麼意思？）

宋太祖回答道，很簡單，我怕你們之中會不會有人也再次上演「黃袍加身」的戲碼。

大家一聽，頓時都嚇得滿頭大汗，立刻都急急忙忙的搶著說，怎麼會呢！我們對皇上您一直都是忠心耿耿的！您都知道的！

這時，宋太祖就不疾不徐的說，是啊，我當然知道你們對我忠心，可是就怕你們的部下有什麼想法，然後不知道什麼時候也準備好一件黃袍，強披在你們的身上，就像去年那樣……

聽到皇上這麼說，將領們都感到大難臨頭，可是腦袋又一片空白，一點也不知道該怎麼辦，有的還急得都快要哭出來了！只得用發著抖的聲音問，那該怎麼辦呢！該怎麼樣才能證明我們絕無二心呢？請皇上教教我們吧！

宋太祖見把大家也嚇得差不多了，就說，哎，你們別緊張，聽我說，人生苦短，大家這麼辛辛苦苦，奮鬥了一輩子，為的不就是想要享受榮華富貴嗎？只要你們交出兵權，離開京城，到地方上去，我一定讓你們多置一些良田美宅，讓你們為子孫立下長遠的產業，這樣你們就可以夜夜笙歌，每天喝個痛快，什麼都不用煩惱，我也會和你們結為兒女親家，這樣我們大家就真正是一家人，彼此之間毫不猜疑，互相信任，這樣不是很好嗎？

眾將領聽到這裡，不由得都鬆了一口氣！原來只是叫他們交出兵權，原來不是要殺他們！

第二天，石守信等人便紛紛上表聲稱自己有病，基於個人健康因素，要求解除自己的兵權。

宋太祖自然是欣然同意。於是，在宋朝建立之後，宋太祖沒有誅殺功臣，而是在喝酒談心之間解除了他認定的潛在威脅。

這個故事在民間流傳得很廣，不過，也有學者認為純屬虛構，或者說只是一則演義。

接下來，宋太祖在用和平手段讓部屬紛紛交出兵權之後，就開始在軍事制度方面進行了多項改革，繼續強化了中央集權。

很多人都認為，皇帝直接掌握兵權固然解決了內憂，但也造成宋朝在軍事上的積弱。宋朝前後逾三百年，無論北宋或是南宋，最後都亡於社會制度、文明程度不如他們的遊牧民族，這和宋軍的武將調動頻繁、並且是由不懂軍事的文官來控制軍隊，有很大的關係。

歐陽修「醉翁之意不在酒」

「醉翁之意不在酒」原本是一句詩句，後來變成了一句俗諺，近千年以來在民間被廣泛使用，表示某人的本意不在於此（「不在酒」），而是在其他方面。或者就用這句話來形容某人別有用心。

這是出自北宋政治家和文學家歐陽修（西元1007～1072年）一篇很有名的文章〈醉翁亭記〉。

醉翁之意不在酒，在乎山水之間也。山水之樂，得之心而寓之酒也。

「醉翁」是指歐陽修自己，因為「醉翁」就是他的號。中國古代文人經常都會在自己的名和字之外，另外再取一個「號」，是一種自稱。

這幾句的意思是，別看我在這裡喝酒，其實我的重點不在於喝酒這個事，而是在於秀麗的山水之間。我是把欣賞山水的樂趣放在心裡，然後寄託在喝酒上而已哪。

西元一〇〇七年，歐陽修出生於綿州（今四川綿陽），當時他的父親在綿州做官，已經五十六歲了，算是老來得子。遺憾的是，在歐陽修四歲的時候，父親就過世了，從此他就和母親相依為命。母親帶著他前往隨州（今湖北省北部）去投奔歐陽修在當地做官的叔叔。

歐陽修的叔叔在隨州做官長達二十五年，為人正直，尤其以廉潔著稱，對歐陽修人格的培養產生了很好的影響。歐陽修的母親也是大家閨秀，出身於江南的名門望族，知書達理，是一位有見識、有文化的女性，深知教育的重要，盡心盡力的撫養著兒子。由於家境並不富裕，母親就用荻稈（也就是蘆稈）當成筆，然後在沙地上教兒子寫字，這就是「畫荻教子」的故事。

在母親和叔叔的用心培育之下，歐陽修得到了不錯的啟蒙教育。歐陽修在二十三歲那年進士及第。他享壽六十五歲，一生歷仕仁宗、英宗、神宗三朝，官至翰林學士、樞密副使、參知政事。

〈醉翁亭記〉這篇文章是歐陽修在四十歲左右寫的，正值壯年。當時他正在滁州（今安徽省東部）做知州。（「知州」相當於今天的縣長。）他是被貶到這裡的，只因在西元一〇四五年（歐陽修時年三十八歲），由於參知政事范仲淹（西元989～1052年）等人因遭到讒言而離職，正直的歐陽修上書替他們分辯，講了一些公道話，結果就跟著倒楣，被貶到了滁州。

歐陽修在滁州做了兩年的知州。可想而知，在他剛剛到任的時候，內心自然不免鬱悶，但他還是盡忠職守，因此還是做出了一些政績。

〈醉翁亭記〉就是歐陽修擔任滁州知州期間所寫。文章中除了描寫滁州一帶的景色，也描寫了滁州百姓寧靜的生活，特別的是還描寫了自己在山林之中與百姓同遊宴飲的樂趣。因此，所謂的「醉」，從表面上看來就是「陶醉」，一方面陶醉於山水美景，另一方面則是陶醉於與民同樂。當然，若深入來看就會發現，其中不免也有些藉著生活中的樂趣與情趣，來多少排遣被貶之後的苦悶之意。

儘管仕途有些波折，但歐陽修在中國文學史上可是有著非常重要的地位。他可以說是奠定了宋朝文化盛世的基礎。

首先，在「唐宋八大家」中，他是宋朝五位散文家之首。

「唐宋八大家」，是指唐朝的韓愈（西元768～824年）、柳宗元（西元773～819年），以及宋朝的歐陽修、蘇洵（西元1009～1066

年）、蘇軾（西元1037～1101年）、蘇轍（西元1039～1112年）、王安石（西元1021～1086年）、曾鞏（西元1019～1083年）。

韓愈和柳宗元是唐代古文運動的領袖，歐陽修等六人則是宋代古文運動的核心人物，他們先後掀起的古文革新的浪潮，使得詩文發展煥然一新，所以後世將他們合稱為「唐宋八大家」。

其次，在「唐宋八大家」中，宋朝的六位，有五位都是歐陽修的學生，而且都是以布衣身分受到歐陽修的賞識。歐陽修十分大氣，不僅大力倡導詩文革新運動、改革了唐末宋初形式主義的文風和詩風，取得了顯著的成績，對於提攜後進也是不遺餘力，因此一生桃李滿天下，被譽為「千古伯樂」。

至於歐陽修自己在文學上的成就當然也是非常傑出，尤其是他平易的文風，一直影響到了宋朝以後的元、明、清各代。

釀酒高手——蘇東坡

蘇軾，是眉州眉山人（今四川省眉山市），字子瞻、和仲，號鐵冠道人、東坡居士，世人都喜歡稱呼他為蘇仙和蘇東坡。

把「仙」字放在蘇東坡的身上一點兒也不誇張，因為他確實是太神了，他是北宋著名的文學家、書法家、畫家，在文藝各方面都取得了很高的成就，是北宋中期的文壇領袖，還懂水利工程，目前杭州「西湖十景」之首「蘇公堤」，位於西湖的西南面，就是當年蘇東坡在杭州做官的時候，帶領著百姓所修築的。

蘇東坡在十九歲那年第一次離開四川，和父親蘇洵以及小自己兩歲的弟弟蘇轍一起赴京，翌年參加朝廷的科舉考試。

主考官正是當時備受景仰的文壇領袖歐陽修。蘇東坡的運氣不佳，儘管他的文章深獲歐陽修的激賞，可是因為被歐陽修誤認為那是自己的弟子曾鞏所作，歐陽修為了避嫌，便故意把成績打低，蘇東坡因此屈居第二。

不久，歐陽修曾對人如此評價蘇東坡：「此人可謂善讀書，善用書，他日文章必獨步天下。」

「獨步天下」，就是天下第一、沒人比得過他了。

蘇東坡可說是一位全方位的大才子，多才多藝，他甚至還會釀酒呢！特別喜歡釀酒自飲。

他寫過一篇文章，叫做〈酒經〉，又稱〈東坡酒經〉，全文雖然不到四百字，但是敘述簡練而精闢，雖然從表面上看起來似乎只是蘇東坡個人釀酒經驗的總結，卻被公認為是一篇關於中國釀酒的經典之作，對後世影響很大。

算算蘇東坡還釀過不少酒。隨著他人生的軌跡（他因針砭時弊而輾轉各地，去過很多地方），他經常採取就地取材的方式來釀酒，而且經常會用文字記錄下來，無形中就為後人保存了好些寶貴的資料。譬如，在中國釀酒史上，釀蜜為酒的作法由來已久，但從來沒有文字記錄過細節，直到蘇東坡，他是第一個對蜜酒加以文字記錄的人。

同時，蘇東坡一邊熱衷釀酒，一邊當然也會將這些美酒寫進自己的文學作品裡。比方說，當他在惠州（今廣東省惠州市）的時候，釀過一種叫做「羅浮春」的美酒。羅浮是惠州當地一座山的名字。

三山咫尺不歸去，一杯付與羅浮春

或是：

一杯羅浮春，遠餉采薇客

這些詩句裡提到的「羅浮春」，指的就是羅浮春酒。

除了用來品嘗的美酒，蘇東坡也釀過一些帶有養生性質的酒。譬如，當他在海南島時，就曾經釀過「天門冬酒」，這就是一種有藥用價值的酒，因為「天門冬」是一種性平和的中草藥，用它釀出的酒自然就有很好的藥用價值。「天門冬酒」在隋唐時就相當流行。

詩與酒可說是蘇東坡一生最鍾愛的兩種東西，他曾經寫過這樣的詩句：

吾儕非二物，歲月誰與度

可見他對詩與酒有多麼的熱愛。

不過，儘管蘇東坡喜歡釀酒、也喜歡品酒，甚至幾乎是天天都會喝酒，但他對於飲酒的態度一直是提倡適度，不贊成過量。他是這麼說的：

我飲不盡器，半酣味尤長

「酣」這個字最初是指飲酒盡興，後來泛指盡興和暢快。蘇東坡提倡「半酣」，說「半酣」的感覺最好，自然就是說喝酒不要太過盡興的意思了。

不知道這和他酒量不佳有沒有關係？蘇東坡曾經這樣描述過自己：

吾少時望見酒杯而醉，而今亦能飲三焦葉矣

只要一看到酒杯就醉了，這簡直就是毫無酒量可言啊，即使後來可以飲「三焦葉」，但其實也只是三小杯而已。

創作力非常豐沛的蘇東坡，一生也寫過不少以酒入詩的作品，但是，大部分文人在這樣的詩文中，總不免會流露出一些借酒澆愁的味道，蘇東坡卻幾乎沒有，他在飲酒賦詩時所表現出來的往往就只是一種瀟灑、曠達和歡愉，比方說：

持杯遙勸天邊月，願月圓無缺。

持杯復更勸花枝，且願花枝常在，莫離枝。

持杯月下花前醉，休問榮枯事，此歡能有幾人知，對酒逢花不飲，待何時？

此外，關於描述自己飲酒的作品（就像前面所提到的「吾少時望見酒杯而醉」那個例子），有些詩句還都挺幽默的，譬如：

東堂醉臥呼不起，啼鳥落花春寂寂

又如：

夜飲東坡醒復醉，歸來彷彿三更

凡此種種，都在在表現出蘇東坡的率真和可愛。

李清照「借酒澆愁」

說到借酒澆愁，這當然不是男性文人的專利，女性也會。譬如，宋朝著名的女詞人、同時也是中國文學史上最著名的女詞人李清照（西元1084～約1155年），就也寫過借酒澆愁。

薄霧濃雲愁永晝，瑞腦消金獸。佳節又重陽，玉枕紗廚，半夜涼初透。

東籬把酒黃昏後，有暗香盈袖。莫道不消魂，簾捲西風，人比黃花瘦。

這是李清照很有名的一首詞，叫做〈醉花陰〉。大意是說，這一天從早到晚薄霧瀰漫，雲層濃密，天氣不好，只能呆在屋裡，日子過得好悶哦，看著龍腦香在金獸香爐中裊裊，真是百無聊賴。又到了重陽佳節，天氣漸漸涼了，一個人臥在玉枕紗帳中，半夜的涼氣將我全身都浸透了。想到既然是重陽節，還是打起精神應應景、賞賞菊花吧，我在東籬邊飲酒賞花，在那兒一直待到黃昏以後，淡淡的黃菊清香溢滿了我的雙袖。不要說清秋不讓人傷神，西風捲起珠簾，簾內的人兒比那黃花還要更加消瘦呢。

都說李清照最擅長寫「愁」。寫這首〈醉花陰〉的時候，李清照十九歲，她在愁什麼呢？原來是「每逢佳節倍思親」，她在一個人孤孤單單過重陽節的時候，想念婚後不久就遠行的丈夫，所以寫下了這首詞，排遣相思。

李清照是齊州濟南（今山東濟南）人，出身於書香門第。父親是蘇東坡的學生，還是進士，外祖父是狀元，因此母親也很有文學修養，李清照生活在這樣一個文化氛圍濃厚、藏書豐富的家庭，從小耳濡目染，再加上本身天資聰穎，在少女時代她的才華就已轟動京師，人人都盛讚她是一個不可多得的才女。

在十八歲那年，李清照與時年二十一歲的太學生趙明誠（西元1081～1129年）結婚。「太學」是中國古代教育行政機構和最高學府。

兩人的結合真可謂是神仙眷屬，恩愛相守了近三十年，這是李清照一生最幸福的時光。

直到西元一一二七年，在李清照四十三歲這年，發生了「靖康之變」，金兵入據中原，北宋滅亡，他們倉皇隨著宋室南渡，在逃難中幾乎損失了所有的家產和珍愛的金石書畫，更不幸的是，在大約兩年以後趙明誠竟然就病故了，這更是讓李清照備受打擊。

到達杭州的時候，李清照四十八歲。此時的她，飽嘗了顛沛流離之苦和喪夫之痛，生活又幾乎陷入絕境，在走投無路之下，無奈選擇再嫁，但是這段婚姻非常短暫，只維持了不到一百天。

由於這些經歷，南下後的李清照在創作時雖然還是很擅長處理「愁」這樣的情緒，但自然而然就把兩性情感上的「愁」，提升到懷念中原故土的愁，因此大大提升了作品的高度。

一般劃分李清照的作品也是以南渡做為一個標誌，分為前期和後期，前期作品的題材集中在描寫自然風光和離別相思，後期則主要是在抒發感時傷懷，表達了自己濃濃的哀愁。

李清照有一首非常有名的作品〈聲聲慢〉，就是在南渡以後所寫，一般認為是在她晚年所寫。

尋尋覓覓，冷冷清清，悽悽慘慘戚戚。乍暖還寒時候，最難將息。三杯兩盞淡酒，怎敵他，晚來風急？雁過也，正傷心，卻是舊時相識。

滿地黃花堆積，憔悴損，如今有誰堪摘？守著窗兒，獨自怎生得黑。梧桐更兼細雨，到黃昏，點點滴滴。這次第，怎一個愁字了得！

大意是說，苦苦的尋尋覓覓，多想把失去的一切都找回來啊，但怎麼可能呢？只見眼前冷冷清清的景象，怎不讓人感到悽慘和悲戚。在這乍暖還寒時節，最難保重身體，即使喝上兩三杯淡酒，怎麼能抵得住早晨的寒風急襲？看到一行大雁從眼前飛過，更是讓人傷心。園中的菊花堆積滿地，都已經憔悴不堪，如今還有誰來採摘？我獨自一個人冷冷清清的守著窗子，怎麼熬得到天黑？好不容易熬到了黃昏，卻又下起雨來，點點滴滴、淅淅瀝瀝，下得人真是心煩，再看到屋外那兩棵梧桐樹在風雨中相互扶持依靠，對比之下，我一個人真是淒涼多了……這般情景，怎麼能用一個「愁」字來了結呢！

同樣是提到了借酒澆愁，但是〈聲聲慢〉中「三杯兩盞淡酒」所流露出來的愁緒，可是比〈醉花陰〉中「東籬把酒黃昏後」要深厚得多了。

李清照最後寂寞的死在了江南，享年七十一歲左右。

陸游〈釵頭鳳・紅酥手〉

紅酥手，黃縢酒，滿城春色宮牆柳。東風惡，歡情薄。一懷愁緒，幾年離索。錯、錯、錯！

春如舊，人空瘦，淚痕紅浥鮫綃透。桃花落，閒池閣。山盟雖在，錦書難託。莫、莫、莫！

這是南宋最重要的詩人陸游（西元1125～1210年）一首很有名的作品〈釵頭鳳・紅酥手〉，也是多產作家陸游為數不多的一首情詩。

很多人都很好奇，陸游在這首作品中所提到的「黃縢酒」是什麼酒？是黃酒嗎？

其實，「黃縢酒」在這裡不是專指黃酒，而是指美酒，「縢」是封的意思，因為宋代的官酒是以黃紙為封，所以只要看到黃封就知道肯定是好酒。

值得一提的是，黃酒是中國主要的酒種，以糯米、粳米或黍米為原料，由於愈陳愈香，所以又叫做「陳酒」或是「老酒」。這是中國漢族的特產，屬於釀造酒，和葡萄酒、啤酒並稱為「世界三大釀造酒」。

黃酒的歷史悠久，在三千多年以前的商周時代，老祖先們就開始大量釀製黃酒了。黃酒的產地也很廣，品種很多，像紹興的「狀元紅」、「女兒紅」，還有紹興老酒、福建老酒、即墨老酒、上海老酒等等，都是黃酒。

端午節應景的「雄黃酒」倒不一定是黃酒，也有可能是白酒，因為雄黃酒算是一種中藥藥材，是用研磨成粉末的雄黃泡製的白酒或是黃酒。雄黃是一種中藥，據說功用之一是解毒殺蟲，應用狀況之一是當有人被蛇蟲咬傷的時候，得趕快喝上幾口。敢情就是因為有藥性，難怪在〈白蛇傳〉的故事裡頭，白娘子一喝下雄黃酒就現出了原形。

現在，讓我們回頭再談一下陸游的那首〈釵頭鳳．紅酥手〉。大意是說，你紅潤酥膩的手裡，捧著盛著美酒的杯子。此刻雖然滿城都蕩漾著春天美好的景色，你卻已經像是宮牆中的綠柳，那麼的遙不可及。春風多麼可惡，歡情被吹得那麼稀薄。這滿杯酒像是盛滿憂愁的情緒，離別幾年來我的生活過得挺淒涼的。遙想當初，只能感嘆：錯、錯、錯！

美麗的春景依然如舊，只是人兒卻白白相思的消瘦。淚水洗淨了臉上的胭脂紅，又把薄綢的手帕全部溼透。滿春的桃花凋落在寂靜空曠的池塘樓閣上。說好要永遠相愛的誓言還在，可是錦文書信卻再也難以交付。遙想當初，只能感嘆：莫、莫、莫！

這首詞，蘊含著一段封建社會下的愛情悲劇，讓人為之唏噓不已。

陸游的原配夫人唐氏，是同郡唐姓士族的一個大家

閨秀。也有一種說法，說唐氏就是陸游的表妹唐婉。

婚後兩人感情很好，可惜好景不常，不到三年，由於陸游參加科考失利，父母在失望之餘，竟把他的落第歸咎於唐婉，認為都是因為陸游對唐婉太過迷戀，而唐婉也不夠賢惠，不懂得應該鼓勵丈夫好好向學，整天只曉得纏著丈夫，和丈夫沒完沒了的兒女情長，這樣下去，陸游還能有什麼前途！想到這裡，做家長的便狠下心來棒打鴛鴦，強迫他們分手。

在封建時代，家長有無上的權威，做兒女的根本無權處理自己的婚姻大事。原本陸游還想與母親虛與委蛇，金屋藏嬌，把唐婉給藏了起來，結果被母親發現之後，母親非常生氣，立刻做主又給他娶了一個新的妻子。這麼一來，兩人只得被迫澈底分開，從此就斷了音訊。

數年以後，一天，陸游在遊覽沈園時，無意中巧遇唐婉和她現任的丈夫，唐婉還把他們攜帶的酒食送給陸游，陸游一時感慨萬千，內心久久不能平靜，便在沈園一面牆壁上填了一首充滿哀怨惆悵的詞。

後來唐婉見了，也依韻和了一首詞作，這便是〈釵頭鳳．世情薄〉。

世情薄，人情惡，雨送黃昏花易落。曉風乾，淚痕殘，欲箋心事，獨語斜欄。難，難，難！人成各，今非昨，病魂常似鞦韆索。角聲寒，夜闌珊，怕人詢問，咽淚裝歡。瞞，瞞，瞞！

大意是說，世事炎涼，黃昏中下著雨，打落片片桃花，在這淒涼的情境中，人的心也不禁憂傷起來。晨風吹乾了昨晚的淚痕，當我想把心事寫下來的時候，卻怎麼都辦不到，只能倚著斜欄，在心底向著遠方的你呼喚，又和自己低聲輕輕的說話，希望你也能夠聽到。難，難，難！

今時不同往日，咫尺天涯，我身染重病，就像隨風擺蕩的鞦韆索。夜風刺骨，徹體生寒，聽著遠方的角聲，心中再生一層寒意，夜盡了，我恐怕也很快就會像這夜一樣，走到人生盡頭了吧？怕人詢問，我只好忍住淚水，在別人面前強顏歡笑。瞞，瞞，瞞！

不久，唐婉就抑鬱而死了。

美食典故小學堂

美食的由來、歷史與傳說

壹 平地一聲雷

明代官員顧鼎臣（西元1473～1540年），是南直隸蘇州府昆山（今屬江蘇省）人。他在三十二歲中進士第一，開始步入仕途，一生有諸多貢獻，比方說，向朝廷提議重新丈量全國田畝，然後以此為切入點來改革賦稅制度，使得東南一帶歷來比較富庶的地區（包括他的家鄉）百姓，免繳了很多

的冤枉稅。他還經常深入民間察訪，只要發現江南有因水患蟲害而造成歉收的情況，便立刻如實上報，並提出免稅或是減稅的建議，是一個很能體諒百姓、同時也很受百姓愛戴的好官。

顧鼎臣為人正直，即使後來告老還鄉之後，也還是一本初衷，繼續為百姓仗義執言。

關於顧鼎臣的民間故事很多，其實以他身世做為藍本的戲劇就有很多。他的父親是一個小商人，年過半百仍無子嗣，但因妻子看管甚嚴，即使有心也不敢納妾。他的母親是一個婢女。當顧鼎臣出生以後，父親的妻子大怒，氣得要殺這個小嬰兒，殺不成就暗中把他丟到一個磨道（磨坊裡牲口推磨時的走道）上，想要讓牲口在推磨時踩死他，幸好被磨坊主人及時發現，救了他，並且撫養他，直到顧鼎臣長大，高中狀元之後，養父才告訴他實情，顧鼎臣遂找到生母，當母子相認時，顧鼎臣看到母親的模樣那麼落魄，並且得知母親這麼多年來一直飽受虐待，不由得悲從中來，和母親抱頭痛哭。

在有關顧鼎臣的民間故事裡，有一個是與一道美食有關，這道美食叫做「平地一聲雷」。

話說有一回，顧鼎臣來到鎮江（與昆山一樣，今同屬江蘇）一個偏僻的小山村（大概是在進行察訪吧），到了傍晚，他又餓又累，迎面碰到一個村婦，顧鼎臣便上前施禮，向村婦打聽附近哪裡有可以吃東西和休息的地方。

偏偏這附近什麼店也沒有，村婦見顧鼎臣斯文有禮，舉止不俗，便好心把他帶回家裡，說她丈夫很快就會回來，也許會帶什麼吃的東西回來。

到家之後，不久，村婦的丈夫回來了，手上果然拎著一包從山上採回來的松乳菇。村婦一看，靈機一動，有了一個點子。

她先把松乳菇洗淨，做成湯，放在一邊；接著把中餐吃剩的飯鍋巴放進熱油鍋裡一炸，起鍋後放在盤子裡；最後在鍋巴上澆上滾燙的松乳菇，這就成了一道特別的美食。

由於松乳菇一澆到鍋巴上會發出很大的嗶哩啪啦的聲音，所以這道菜就叫做「平地一聲雷」。

這道菜出現在中國各地，只不過澆在鍋巴上的食材各有不同，常見的是以蝦仁、肉片、雞絲、香菇等等為主。

也有的地方把這道菜稱之為「響菜」，仍然是在烹飪過程中所發出的音效上做文章。

貳 蜜汁塘藕

藕，又稱蓮藕，是睡蓮科植物的地下莖，在中國大部分的省分都有種植。藕的作法很多，多半是把藕切片，然後或清炒、或涼拌、或糖醋、或油炸、或紅燒、或燉湯；或者把藕切絲，再與雞絲或肉絲一起來炒；或者把藕剁碎，做成藕餅以及做為餃子的內餡材料之一。原產蘇州的「蜜汁塘藕」，每一片藕片的孔裡都有糯米，是蘇州菜中一道很受歡迎的涼菜。

蘇州菜向來以精緻細巧出名，這道蜜汁塘藕的作法也挺費工，要經過好幾道程序。先把糯米用溫水浸泡半小時，放在一邊待用，再將藕清洗後去皮，在頂端切一個口，然後把瀝乾的糯米從那個口灌進去，再入鍋用旺火至少煮兩個小時，接著加入糖桂花、冰糖、蜂蜜，然後改用中火來煮，煮到藕呈酥軟狀，湯水也濃稠至蜜汁狀時方可出鍋，等到放涼以後再切片（不要切得太薄），吃的時候再淋上原湯汁即可。

一道涼菜，料理的過程如此複雜，真是不簡單。

也許你會覺得奇怪，為什麼是「蜜汁塘藕」而不是「蜜汁糖藕」呢？這應該是因為「塘」這個字帶有蘇州的地方特色。一千多年以前，唐朝現實主義詩人白居易在蘇州刺史任內，為了便利蘇州水陸交通，開鑿了一條長七里、從虎丘至閶門的山塘河，然後在山塘河的北邊修建道路，叫做「七里山塘」，簡稱「山塘街」。如果你現在到蘇州，還可以到這條街上去走走，不過，現在所看到的當然都是後來修建的，目前所看到的兩岸古建築大多都是晚清和民國時期的建築。

大概就是因為白居易擔任過蘇州刺史，又開鑿了山塘河、修建了山塘街，還寫過一首提到過藕的詩，所以民間流傳「蜜汁塘藕」這道美食的由來是和白居易有關。

我們不妨先來看看這首詩。

白藕新花照水開，紅窗小舫信風回。
誰教一片江南興，逐我殷勤萬里來？

大意是說，白蓮池中新開雪白的蓮花，在水中亭亭玉立，我駕著小小畫舫游池，隨風往來；我不遠萬里殷勤的趕來，是源於被一股強烈的江南遊興所驅使而來的。

相傳有一回白居易做了一個夢，夢到一群白白胖胖、粉粉嫩嫩的孩子，開開心心的高攀著蓮蓬在跳舞，只見這些孩子一個個都露出肥嘟嘟、活像白藕似的手臂和大腿（這些孩子想必都是穿著小肚兜吧）。「白藕」這個比喻實在是頗為傳神，很多幼兒一胖起來，手臂、大腿確實是都胖成「一節一節」的樣子，確實很能讓人聯想到藕啊。

不久，白居易剛剛醒來，就聽到家人說，昨夜虎丘下了一場蓮子雨，山塘裡都灑滿了蓮子。白居易想到夢中那群可愛的、高攀著「蓮」蓬在跳舞的孩「子」，再對應山塘裡都灑滿了「蓮子」，遂覺得這是一個徵兆，是上天要他們多多重視藕這個好東西。後來，關於藕的作法就慢慢多了起來，「蜜汁塘藕」就是其中之一。

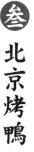

叁 北京烤鴨

在南北朝時期（西元420～589年），也就是距今一千四五百年以前，書上就有關於「炙鴨」的記載，「炙」就是烤的意思，在當時是宮廷食品。到了唐朝（西元618～907年），出現關於「燒鴨」的記載，做法相當野蠻和殘忍，真的是把鴨子活活給燒死。再往後，元朝的書籍中也提到了「燒鴨」的作法，但已經和唐朝大不相同，早已改成是把鴨子先宰了以後再進行料理。

我們現在所熟悉的北京烤鴨，最早應該是誕生在明朝，而且最早是誕生在南京，因為西元一三六八年年初，明太祖朱元璋（西元

1328～1398年）是在應天府（就是今天的南京）稱帝，國號大明，大約半個世紀之後（西元1421年），明成祖朱棣（西元1360～1424年）遷都北京，隨著遷都，烤鴨也就這樣傳到了北京。

南京人本來就普遍喜歡吃鴨，朱元璋愛吃鴨子更是有名，因此當初在他當上皇帝以後，御廚更是無不挖空了心思、想盡了各種辦法來料理鴨子，其中有一種料理方式，是將肥厚多肉的湖鴨做為主要食

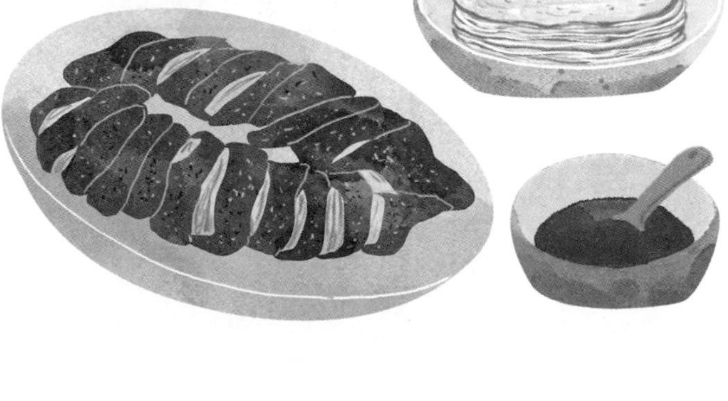

材，用炭火烘烤，這樣做出來的鴨子，口感很好，酥香不膩，受到朱元璋很大的誇讚，被稱做「烤鴨」。

按照製作方式，「北京烤鴨」分為「燜爐烤鴨」和「掛爐烤鴨」兩大流派，前者是把鴨子用明火來烤製，待烤的鴨子不開膛，只在鴨身上開個小洞，把內臟拿出來，然後往鴨肚子裡面灌開水，再把小洞繫上以後掛在火上烤，後者則是把鴨子掛在封閉的爐子，利用壁爐裡的餘溫慢慢把鴨子烤熟，整個過程不見明火。

這兩種料理方式的成品，吃起來的口感自然有些不同；「燜爐烤鴨」經過明火烤製，也會把皮下的一些脂肪全都融化，這樣的烤鴨，外皮就更加酥脆，而「掛爐烤鴨」因為沒有經過明火烤製，烤出來的鴨皮和鴨肉是緊緊相連，並且保留下來的油脂比較多，鴨皮吃起來也有一點兒偏軟，鴨肉吃到嘴裡的感覺則是更加蓬鬆。

儘管口感不同，相同的是各有滋味，因此長期以來始終各有擁護者。

烤鴨從宮廷走入民間大約是在明嘉靖年間，那就是在西元第十六世紀上半葉。經過三百多年的發展，到了西元第十九世紀中葉（清道光年間），「北京烤鴨」已經盛名遠揚。

值得一提的是，成就「北京烤鴨」這番盛名的不是北京當地人，也不是來自南京那些廚師的後代，而是山東榮成人。

山東榮成地處山東半島最東端，三面環海，海岸線長五百公里，是中國距離韓國最近的地方。根據文獻記載，自清末以來，山東榮成人就在「北京烤鴨」的發展中產生了相當重要的作用，不論是「燜爐烤鴨」或是「掛爐烤鴨」，都有他們的身影，因此有「妙手榮成」的美譽。

肆 南京板鴨

今天的江蘇省會南京，歷史悠久，歷朝歷代有過許多不同的名字，「金陵」就是其中之一。「金陵菜」是以南京為中心，一直延伸到江西九江的菜系，是蘇菜的四大代表菜系之一。

「金陵菜」起源於先秦，隋唐已頗負盛名，到了明清正式成一流派，民國時期發展至巔峰，享有極高的聲譽，有「京蘇大菜」之稱，極受上層社會人士的喜愛，當時凡是名門望族設宴幾乎都是以「京蘇盛宴」做為首選。

「南京板鴨」是「金陵菜」的代表之一，俗稱琵琶鴨，是南京地區一道傳統名菜，和「烤鴨」齊名，素有「北烤鴨、南板鴨」之稱。

關於「板鴨」這個名詞，有幾種不同的典故，比較常見的說法是由於料理好的鴨子肉質細嫩緊密，看上去活像一塊板似的，所以就稱做「板鴨」。還有一種說法，指「板鴨」這個名詞是始自南北朝梁武帝末年，那就是距今將近一千五百年以前。

西元五四八年八月，「侯景之亂」爆發，這場動亂持續至西元五五二年四月結束，五年後南梁滅亡。所謂「侯景之亂」，就是南朝梁的將領侯景（西元503～552年）所發動的武裝叛亂事件。在動亂中，侯景為了攻下南朝皇宮所在地臺城，在城外壘土為山，企圖居高臨下，守城士兵也趕緊在城內高堆土山，以抵抗叛軍，雙方展開了對峙。此時正值秋天，正是桂花飄香、肥鴨上市的季節，臺城內很多百姓便自動自發將料理好的鴨子送往前線，為士兵們補充體力和營養。

為了運輸上的方便，大家把這些鴨子通通捆扎在一起抬上山，士兵們將成捆的鴨子打開之後，用水一煮，便可食用，或是炊米煮鴨，用荷葉包裹，做為軍糧，稱做「荷葉裹鴨」。據說，這就是最早的「南京板鴨」。

「南京板鴨」基本上是用鹽滷醃製風乾而成，分成「臘板鴨」和「春板鴨」兩種。從每年十月稻穀進倉一直到來年春暖花開的清明節，是「南京板鴨」的生產旺季，而從大雪到立春期是最佳的醃製期，在這段時期所生產的板鴨就叫做「臘板鴨」，製品能夠一直保存到清明節，從立春到清明所生產的板鴨則叫做「春板鴨」，就不適宜長期保存。

製作優質「南京板鴨」的祕訣，歸納起來就是：「鴨要肥，稻穀催；炒鹽醃，清滷復；烘得乾，焐得足。」意思就是說，鴨子在宰殺之前要用稻穀催肥，使鴨子的兩腿肌肉十分飽滿；醃製板鴨用的鹽，要和香料一塊兒炒一炒，這樣才能醃得入骨、香味足，而且在初次醃製之後還要滷一下，保證鴨子醃透；以上這些都是屬於醃製階段，最後，在烹飪之前，一定要將板鴨先放在清水裡浸泡六至十二個小時，徹底去除鴨肉裡的鹽分，並使鴨肉恢復到醃製前的柔軟狀態，然後在瀝淨水分以後，再將鴨體烘乾，入鍋焐燜，這樣上桌後吃起來的口感才會皮脆肉酥。

伍 金陵鹽水鴨

遠在兩千多年以前的春秋戰國時期，今天的南京就已經有「築地養鴨」的記載。南京人都知道「無鴨不成席」這句話，意思是說，宴席的菜單裡怎麼可能會沒有鴨呢？或者說，如果沒有鴨，怎麼能算是及格的宴席呢！充分點出了南京人不愧是以喜歡吃鴨而聞名，民間甚至還有一種說法，「沒有一隻鴨子能活著飛出南京！」

在南京一帶，鴨的品種之多、數量之大，以及關於鴨的烹飪方式之豐富，放眼全中國真是首屈一指。在南京人的眼裡，鴨的渾身上下都是寶，鴨子的每一個部位都不能放過，因此，長久以來一直有「金陵鴨餚甲天下」這樣的說法，用這句話來形容，南京這些以鴨做為主要食材的美食，真是別的地方沒得比的。

「金陵鹽水鴨」和「南京板鴨」一樣，也是屬於「金陵菜」，並且也是「金陵菜」中代表性的美食。追溯其歷史，兩者相當接近，都是起源於六朝，不過，今天看來，「金陵鹽水鴨」的名氣似乎比「南京板鴨」更大，也更為普及，這可說全是拜了現代食品科技——真空包裝技術之賜；在還沒有真空包裝之前，「南京板

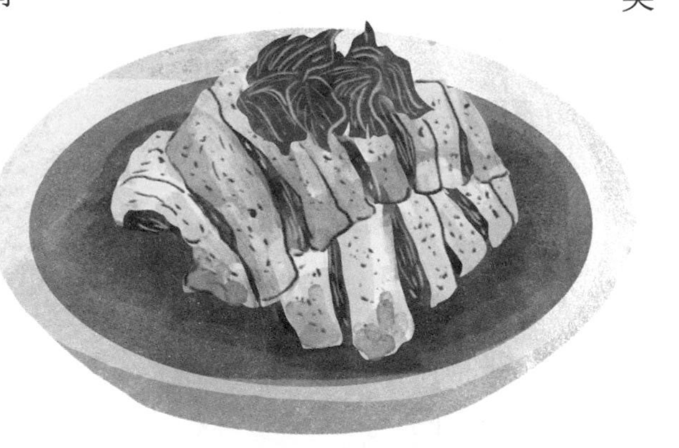

鴨」是南京伴手禮的首選，但是在真空包裝愈來愈普遍以後，外觀和口感似乎更適應真空包裝的「金陵鹽水鴨」，就慢慢凌駕於「南京板鴨」之上了。

其實，原本鹽水鴨因為醃漬期比較短，如果與「南京板鴨」相比，比較需要現做現吃，但是在運用了真空包裝技術以後，就比較沒有這個限制了。

真空包裝技術亦稱減壓包裝，是從西元第二十世紀四〇年代開始發展起來的，特點是將包裝容器內的空氣全部抽出密封，維持袋內處於高度減壓的狀態，相當於低氧的效果，使微生物沒有生存的條件，從而達到保鮮的目的。

「金陵鹽水鴨」還有一個很好聽的名字，叫做「桂花鴨」，這是因為以中秋前後、桂花盛開季節養好的鴨子來製成的鹽水鴨，風味最佳，所以就叫做「桂花鴨」。

該如何料理優質的鹽水鴨？就跟「南京板鴨」一樣，也是有口訣的，鹽水鴨的口訣是：「熟鹽搓、老滷復、吹得乾、煮得足。」在這四個條件裡，後面兩樣應該很好理解，現在我們把前面兩個要求稍微解釋一下。重點是，在醃製工序中要進行炒鹽，這樣不但可以殺滅食鹽中的嗜熱菌，還可增加風味（「熟鹽搓」）；還要用反覆滷後所產生的滷汁（「老滷」）來加工，滋味會更好。

陸 荷葉粉蒸肉

浙菜，是以杭州、寧波、紹興、溫州等地的菜餚為代表發展而成。選料講究、製作精細、廚藝獨到，都是浙菜的特點。「荷葉粉蒸肉」是浙菜中一道享有較高聲譽的名菜。說起這道美食的起源，有兩種比較普遍的說法。

第一個是關於用荷葉來包熱食的作法，據說是源自三國時代。話說蜀漢大將關羽有一個馬夫，名叫周倉，疾步如飛，人稱「飛毛」。此人在正史裡沒有記載，應是屬於《三國演義》裡的人物，是一個「身材高大、黑面虬髯」的大漢，意思是說他的鬍鬚很多，兩腮上還有很多捲曲的鬍子。周倉對關羽忠心不二，在得知關羽兵敗被殺之後，也因悲憤自刎而死。後來在各地的關帝廟中，在關羽神像兩側，也經常會看到同時供奉著周倉和關平（關羽之子）的神像。

據說周倉不僅鬍鬚多，身上的毛髮也多，多到能夠徒手抓熱飯熱菜而不覺燙手。一回，周倉剔掉了身上濃密的毛髮，這麼一來，就沒法再徒手抓熱食了，就連跑起來腳底板也會覺得發熱難受，怎麼辦呢？得趕快想個補救之道呀！這時，他剛巧看到附近有荷葉，便用大大的荷葉把自己的手腳都包起來，這樣就又可以跑得飛快，腳也不發熱，而且用手抓熱食也不再燙手了。

總之，用荷葉來包熱食的作法據說就這樣慢慢傳開，還慢慢流傳了下來。

而「荷葉粉蒸肉」之所以會是浙菜中的代表名菜，第二個相傳是和西湖有關。

在「西湖十景」中有一景是「曲院風荷」，此景位於蘇堤北端，是金沙澗（西湖最大的天然水源）流入西湖的地方，南宋在這裡闢有宮廷酒坊，湖面種養荷花，每逢夏季荷花盛開時節，清風徐來，這兒總是荷香伴隨真酒香四處飄逸，讓人心曠神怡，不飲亦醉。

據說從清末開始，有廚師會將炒熟的香米粉和經過調味的豬肉，用「曲院風荷」這裡的鮮荷葉包裹起來，然後再拿去蒸，蒸好之後，豬肉的口感特別好，不僅不膩，還伴有一種荷葉的清香。這就是「荷葉粉蒸肉」。

曾經有文人特別形容過這道美食的好滋味，是「曲院蓮葉碧清新，蒸肉猶留荷花香」。

很多人都說，「荷葉粉蒸肉」似乎特別適合夏天來食用，因為在天氣炎熱的時候，大家比較容易沒胃口，而這道美食雖然是以豬肉為主要食材（一般以選用五花肉為宜），可是又沒有一般肉類葷菜慣有的油膩，吃起來清涼解暑，非常下飯，營養又很豐富，無怪乎是炎炎夏日一道很受歡迎的美食。

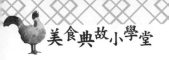

柒 東安子雞

「東安」是一個地名，指的是湖南省東安縣，位於湖南省西南部、湘江上游。在兩千多年以前的春秋戰國時代，這裡是屬於楚國南境。

相傳到了唐朝唐玄宗開元年間（那就是距今大約一千三百年以前），在東安有一家小飯館，一天傍晚來了幾個商客，要求店家做一點道地的美食，店主說，我們這裡是個小地方，沒有什麼特產哪，再說現在時候比較晚了，今天所準備的食材早就都已經賣完了呀！

幾個商客一聽，趕緊降低標準，連連要求，那現在有什麼就麻煩做什麼吧，我們都快餓死啦！

店主想了一想，只好抓了一隻小公雞，有的版本說是一隻嫩母雞，總之就是店主原本打算還要再養些時日才宰殺的雞，現在只得提早送牠上天堂，宰殺之後剁成小塊，放入熱油鍋內烹炒，並放入蔥、蒜、辣椒、薑片等佐料，略加炒動一下，再加入鹽、酒、醋悶燒一會兒，最後起鍋時還特意淋上香油。

上桌之後，幾位商客都對這道菜讚不絕口。

不久，居然有好幾位不同的商客專程來到這家小飯館，一上門就指名要吃「朋友們推薦的、非常好吃的雞」。

很快的，店主發現，這並不是特例，接下來特意要來吃他們這道菜的人愈來愈多，沒多久連縣太爺都慕名而來，吃過之後，對於店家的廚藝大加稱讚，說自己本來還不相信會有多好吃，沒想到名不虛傳，真的是非常非常的好吃！

在得知店主還沒有為這道美食命名之後，縣太爺便興沖沖的主動替小飯館寫下「東安子雞」四個大字。就這樣，這道美食就算是有了自己的名字。「子雞」就是指「小而嫩的雞」。

店主自然很高興，馬上把縣太爺寫的這四個字做成牌匾，高高掛起。從此，這家小飯館的「東安子雞」便聲名遠播。

又過了一段時日，當地其他飯館也都學會了這道美食的作法，「東安子雞」就這樣成了當地一道招牌美食，進而成為湘菜（湖南菜）的代表性美食。

湘菜素來崇尚腴滑肥潤，而且湖南人普遍嗜辣，幾乎不管吃什麼都要放辣椒，「東安子雞」可說是具備了湘菜中所有應有的特點，除了雞肉肥嫩異常，口感還兼具了香、甜、脆、嫩、酸、辣等多重滋味。

至於湖南人為什麼普遍都這麼喜歡吃辣，除了有些人就是喜歡吃辣椒之外，更關鍵的應該還在於地理因素；湖南地處雲貴高原向江南丘陵、以及南嶺山脈向江漢平原過渡的地帶，整個地勢呈三面環山、朝北開口的馬蹄形地貌，由平原、山地、盆地、河湖、丘陵地等構成，地跨長江、珠江兩大水系，屬於亞熱帶季風氣候，夏季氣溫較高，天氣溼熱，冬季在氣流灌入後又顯得溼冷，因此，長期生活在湖南的人們，無論夏天要發汗去溼或冬天要抵禦風寒，吃辣椒都是一個很好、也很自然的選擇。

捌 紅燒獅子頭

「紅燒獅子頭」是一道淮陽名菜。淮陽菜系是中國傳統四大菜系之一，發源於揚州和淮安。也有人把「紅燒獅子頭」叫做「四喜丸子」，這可能是因為「紅燒獅子頭」是大大的肉丸吧。（「四喜丸子」有時也稱做「大肉圓」。）

不過，說起由來，「四喜丸子」是和唐朝的宰相張九齡（西元673或678～740年）有關，「紅燒獅子頭」則是與隋煬帝楊廣（西元569～618年）有關，所以，從故事的時間上來看，「紅燒獅子頭」問世的時間比「四喜丸子」要早。

既然「紅燒獅子頭」與隋煬帝楊廣有所聯繫，可想而知這最初是一道宮廷菜。事實上這還是御廚們在「命題作文」的壓力之下所做出來的。

這得先從隋煬帝楊廣喜歡乘船下江南遊玩開始說起。

當年楊廣的父親，也就是隋文帝楊堅（西元541～604年）建立隋朝，是定都大興城（今長安），西元六〇五年，時年三十六歲的楊廣即位以後便下令營建東都洛陽，然後在翌年頒布詔書遷都洛陽（今河南省洛陽市）。

除了遷都，隋煬帝在位期間還有很多重大施政，其中之一就是下令修運河。

京杭大運河是世界上最古老的運河之一，現在仍有不少河段仍在使用，最早是在春秋時期吳國為了伐齊國而開鑿，到了隋朝大幅度擴修，貫通至都城洛陽，並且連接涿郡（今北京）。隋煬帝不僅下令修運河，還下令造龍舟、樓船等各種船隻數萬艘，都用於提供他下江南去遊玩。

在江南眾多城市裡頭，隋煬帝又似乎對揚州情有獨鍾，一般認為這大概是因為他早年曾經在揚州當過十年的總管，因此有著強烈的揚州情結。

據說當時頗時興用菜餚來仿製園林勝景，在一次從揚州歸來以後，隋煬帝便命御廚做一些新的菜餚，來呼應這一回的揚州之行。

相傳就是在這樣的情況之下，一位御廚做了一道菜，是幾個大大的肉圓子，叫做「葵花獻肉」，「葵花」二字是要對應一個名叫「葵花崗」的地方，這是隋煬帝遊玩過的地方。

這道菜不僅緊扣主題（要能呼應隋煬帝的揚州之行），口感也很好，是將有肥有瘦的肉配上荸薺、香菇等材料，做成大肉丸，然後先炸後煮，非常美味，隋煬帝很滿意，馬上重賞了御廚。

不久，這道美食便傳到了民間，也廣受歡迎。

到了唐代，一回，有一王公貴族宴客，上了這道「葵花獻肉」，上桌時，有客人看到那大大的肉圓子活像是葵花心，表面那一層肥肉末呈半溶化的狀態，瘦肉則相對顯得比較凸起，乍看有一種毛毛糙糙的感覺，讓人聯想到雄獅的腦袋，於是就建議不妨將菜名改為「獅子頭」，在場賓客一致贊成，都覺得這個名字叫起來非常響亮，結果「獅子頭」這個名字就這樣流傳下來了。

此外，「獅子頭」的變化很多，除了紅燒，還可以清燉，或是油炸，配料也經常因季節而異，常見的有麵筋燒獅子頭、河蚌燉獅子頭、鮰魚燒獅子肉、清燉蟹粉獅子頭等等。

玖 閉門羹火鍋

這是閩菜系中的一道菜。閩菜主要是由福州、泉州、廈門等地方菜發展而來，其中尤以福州菜著稱。

要介紹這道美食，得分三個層次，先講「羹」，再講「閉門羹」，然後才是「閉門羹火鍋」。

「羹」是中國的傳統食物，不過，上古的「羹」指的是帶汁的肉，而不是湯，是後來才慢慢演變成湯的意思。

在距今兩千多年以前楚漢相爭時期，一回項羽（西元前232～前202年）抓了劉邦（西元前256～前195年）的父親，威脅劉邦立刻投降，揚言如果劉邦不投降就要殺他的父親，還要把老人家剁碎，做成肉羹！面對如此危急時刻，劉邦居然老神在在，一派輕鬆的說，哎呀，難道你忘了咱們曾經結拜過嗎？既然我們是結拜兄弟，那麼，我的父親也就是你的父親，如果你真要殺了他，請便，記得要分我一杯肉羹啊。

項羽簡直氣炸了，但也拿劉邦沒有辦法。後來，項羽並沒有殺劉邦的父親。

從此，後世就用「分一杯羹」這個說法，來形容在某項成果中參與分享一些利益。

羹，在中國各地都有，是一般老百姓飯桌上非常普通且常見的食物。唐朝詩人王建（西元768～835年）有一首很有名的作品，叫做〈新嫁娘詞〉，裡頭就描繪了這樣極為家常的景象：

三日入廚下，洗手作羹湯。
未諳姑食性，先遣小姑嘗。

每一家的生活習慣、包括飲食習慣都不太一樣，一個剛剛嫁人的新婦，初來乍到，還不太抓得準婆婆的口味，可是又不好意思去問，或者也不知道該怎麼問，於是，在下廚之後，就先把小姑找來，請小姑幫忙嘗嘗看，看看味道是否合適，會不會太鹹或是太淡？

王建用這麼一個生活化的小例子，把一個新嫁娘剛到婆家不免有些忐忑的心情，以及那一份用心，都刻畫得淋漓盡致。

羹既然是很普通、很常見的東西，那閉門羹又是什麼呢？大家都知道這是避不見客的意思，但也許很多人並不知道「閉門羹」這個詞的典故是怎麼來的？

說起這個詞的典故，可真讓人有一點兒難為情。

原來，「閉門羹」一詞，最早是見於唐代馮贄《雲仙雜記》裡的記載，說宣州城（位於今安徽省東南部）有一個青樓女子，名叫史鳳，不僅人長得漂亮，能歌善舞，而且多才多藝，賦詩、作畫、撫琴等等無一不精，很多公子哥兒都爭相一睹芳容，可是她自視甚高，

對於那些不學無術的紈袴子弟，就算奉上再多的銀子，她也不想見，這時，為了委婉表示拒絕，並且下逐客令，她就會讓人送上一碗羹湯。所以，看到這碗羹湯，就知道史鳳不願接待，只得吃了羹湯就識趣的摸摸鼻子告辭。這就是「閉門羹」的由來。

史鳳的「閉門羹」是用豆腐和鴨腸子做的，都不是什麼值錢的材料，就是為了要表達主人對客人的輕視。可是令她哭笑不得的是，大概是由於她有一個好廚子，吃過「閉門羹」的人竟然都說好吃，以至於後來竟然有人明知八成見不到史鳳，也要跑來試試，其實為的就是想要嘗嘗那好吃的閉門羹。後來，這道「閉門羹」還成了安徽沿江一帶的傳統名菜。

最後，我們要來介紹什麼是「閉門羹火鍋」了。這是一道海鮮火鍋，主要食材均是貝類，包括花蛤蜊、蟶子、淡菜、帶殼的海蠣等等。剛上桌的時候，這些貝類的殼都是緊緊閉著的，猶如閉門，可是過了一會兒，當湯汁開了，這些貝類被煮熟了，不開門也不行，就會紛紛都自動打開啦，如果沒打開就表示不新鮮，也不能要了。

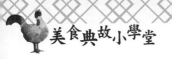

拾 古老肉

如果讓歐美人士票選他們最喜愛的中華美食，「古老肉」肯定會在榜單上。「古老肉」在國際上享有頗高的聲譽，走遍全世界的中國餐館，幾乎在每一家的菜單上都會見到它，而且點菜率還很高。

這道美食還有另外一個名字，叫做「咕嚕肉」，這個名字的起源也跟歐美人士有關。

我們不妨就從這兩個名字開始說起。

既然菜名中有「古老」一詞，想當然爾應該是指其頗具歷史了？確實是這個意思；儘管和其他許多中華美食相比，「古老肉」的歷史或許不算太久，但好歹也是源於清朝（應該是在清末），那以今天看來至少也有一百多年以上的歷史了，但是之所以稱做「古老肉」，其實本意是說它的前身「糖醋排骨」歷史悠久。

「古老肉」和「糖醋排骨」可以說有一點親戚關係。在清朝時期，許多外國商人雲集廣州，他們很喜歡吃「糖醋排骨」，可是又普遍都覺得帶骨的「糖醋排骨」很難對付，即使用他們所熟悉的刀叉，要處理「糖醋排骨」也比牛排要困難得多了，於是，廣州就有廚師看準了商機，推出這道新菜，以去骨的精肉做為原料，加入調味料和澱粉拌和製成一個個肉圓，先放進油鍋炸得酥脆，再用糖醋滷汁調成，上桌之後，肉圓的色澤金黃，滷汁鮮香，吃起來酸甜可口，感覺頗像「糖醋排骨」，但又比「糖醋排骨」好入口，果然很得那些外國人的喜愛。

有外國人就問，這道菜叫做什麼名字呀？廚師想想，既然這道菜是源自「糖醋排骨」，「糖醋排骨」可是歷史悠久了（「糖醋」是中國各大菜系都有的一種口味，「糖醋排骨」起源自浙江，屬於浙菜），於是就說，就叫做「古老肉」吧！

「古老肉？古老肉……」外國人想學著說這個菜名，但怎麼都發不清楚，結果就唸成「咕嚕肉」了！

從此，在粵菜中就多了一道美食——「古老肉」，也是「咕嚕肉」。

有人說「咕嚕肉」這個名字其實誤打誤撞還挺傳神的，因為當這道菜一上桌，光是「色」及「香」就讓人咕嚕咕嚕的口水直流哪！

之後，由於廣東人是最早僑居歐美地區的中國人，隨著廣東粵菜館在國外愈開愈多，「古老肉」也就慢慢普及開來，現在世界各地只要是「唐人街」、「中國城」裡頭的中國餐館，「古老肉」簡直就是基本菜。

為了凸顯這道美食酸甜可口的特色，市面上經常都是用罐頭鳳梨來做搭配。除了鳳梨，也有很多人會加入甜椒做為配料，這樣看上去紅、黃、綠都有，熱鬧繽紛，在視覺上更好看。

拾壹 金華火腿

金華火腿營養豐富，美味可口，是浙江省金華市的特產。

關於金華火腿的由來，最普遍的一個說法，指出是與宋朝抗金名將宗澤（西元1060～1128年）有關。

宗澤是婺州義烏（今浙江義烏）人。宗澤在三十一歲那年考中進士。「靖康之變」發生的時候，宗澤已經六十七歲了，但是他滿腔愛國之心，絲毫不輸給年輕人，他不僅任用岳飛（西元1103～1142年）等人為將，自己也親自披掛上陣，並且屢敗金兵，被金人稱為「宗爺爺」。

當趙構（西元1107～1187年）在南京即皇帝位，成為南宋的開國皇帝時，宗澤入朝相見，老淚縱橫、涕泗交流，慷慨激昂的提出了復興國家之計。在任東京留守期間（「東京留守」是一個官名，掌宮鑰及京城守衛等事務），宗澤曾經二十多次上書高宗趙構，力主還都東京（東京開封府是北宋的都城），並且詳細制定了收復中原的方略，但是都沒有被採納。最後，宗澤因壯志難酬，憂憤成疾，在「靖康之變」後、南宋建立的第二年就死了，臨終前還大呼三聲「過河」，悲憤、焦慮之情真是溢於言表。可惜高宗趙構根本無意北伐，宗澤的愛國之心在高宗的眼裡注定毫無價值，甚至或許還會覺得礙眼，要不然後來岳飛怎麼會冤死呢！

話說有一回當宗澤抗金戰勝而還，鄉親們爭相勞軍，還紛紛贈送豬腿讓宗澤帶回開封，請宗澤替他們慰勞將士。考慮到路途遙遠，為了避免這些豬腿在半路上變質，鄉親們便把它們都先做過醃製處理。醃製過的豬腿，一個個都呈火紅色，遂稱之為「火腿」。（也有「火腿」之名是高宗趙構所賜之說。）

由於南宋時期的東陽、義烏、蘭溪、浦江、永康、金華等地都屬於金華府，因此這些地區所生產的火腿，就通通都稱為「金華火腿」。（今金華、義烏是位於浙江省中部。）

除了說金華火腿是與宗澤有關之外，還有一種說法，說火腿是起源於浙江省溫州地區。這個說法沒有說明年代。相傳位於浙江省東南、地處沿海的溫州經常鬧水災，甚至會海水倒灌，等到大水退去，民眾從避難的地方返家，把一些被淹死的豬從泥沙裡挖出來時，發現經過海水處理之後，居然就成了自然的鹹肉，據說這就是人們製造火腿的靈感。

其實，根據史料考證，金華火腿應該是始於唐朝，因為在唐朝的書籍中已經明確記載：「火腿，產金華者佳」，唐朝的金華就是婺州，然後宋延其制，如前所述，宗澤的家鄉就是婺州。因此，照這樣看來，其實婺州鄉親應該就是帶著火腿去慰勞宗澤及其部屬。

史料上還記載，兩宋時期，金華火腿的生產規模不斷的擴大，成為金華的知名特產。到了元朝，相傳義大利的旅行家馬可波羅（西元1254～1324年）還將火腿的製作方法傳至歐洲，成為歐洲火腿的起源。之後，金華火腿繼續發展，明朝時，不僅是金華乃至浙江的特產，還被列為貢品；清朝，金華火腿已外銷日本、東南亞和歐美各地。

拾貳　水晶餚肉

「水晶餚肉」是江蘇鎮江地區的傳統名菜，主要的食材是豬蹄膀。「蹄膀」俗稱「肘子」，就是豬緊挨著爪子的部位，有前後之分，從料理的角度來看，一般大多認為是後蹄膀比前蹄膀好。

記得曾經有一句流傳很廣的廣告詞——「一家烤肉萬家香」，水晶餚肉這道美食就有這樣的威力，只要有一家在做這道菜，所散發出來的香味會吸引很多很多人都流口水，而且不止如此，甚至就連神仙也會被吸引過來呢！

相傳在三百多年以前，鎮江有一家小飯館，由一對夫妻辛辛苦苦的經營。一天，丈夫買了四個豬蹄膀回來，因為天氣有些炎熱，他怕這些蹄膀容易變味，那豈不可惜，便用鹽先醃製一番（類似做火腿的方式），可是他忙中有錯，不小心誤用了一包硝，直到幾天之後，當妻子到處都找不到那包硝的時候，做丈夫的才意識到自己弄錯了，夫妻倆趕緊將醃缸打開一看，意外發現那四個豬蹄膀不僅沒壞，肉色還分外鮮紅，豬皮也分外光滑晶瑩，看上去比用鹽醃製的賣相要好看得多。

怎麼辦呢？那包硝原本是妻子想要做鞭炮用的，如今被丈夫誤用，兩人都擔心這樣豬蹄膀還能不能吃、會不會有毒，可是如果就這樣丟掉又總覺得好浪費，再說看這四個豬蹄膀一副好吃得要命的樣子，兩人實在是捨不得丟，於是便先用清水反覆沖洗好幾次，接著又把四個豬蹄膀都一一放進熱水裡去燙一下（這種烹飪方式叫做

「焯」），然後再用清水過洗……經過好幾道手續處理後，才加進蔥段、薑片、花椒等配料慢慢燉，打算夫妻倆自己吃掉。

沒想到當蹄膀煮熟以後，所發出來的香味很快就把左鄰右舍通通都吸引過來，大家都好奇的問店主夫婦今天在煮什麼，怎麼這麼香、好像特別的香，店主夫妻表示這是他們自己要吃的，眾人一聽就急了，什麼？要自己吃！大家不等他們解釋清楚便紛紛哇哇亂叫，

抗議夫妻倆出了新菜怎麼能自己藏起來吃，當然應該是讓大家一起來品嘗看看才對啊！

正當大家七嘴八舌吵個沒完的時候，突然來了一個老頭，擠進店裡二話不說竟然就直接抓起那幾個豬蹄膀，一個一個迅速塞進嘴巴，在大家目瞪口呆的注視下，一口氣就吃掉了三個半！

「好吃！好吃！」怪老頭滿意的擦擦嘴，走出店外，爬上一頭驢子，用倒騎驢的姿勢揚長而去。

原來這個老頭是「八仙」當中那位總是喜歡倒騎驢的張果老哪！這天，張果老原本是應王母娘娘的邀請，要去瑤池赴蟠桃會，途經鎮江，聞到一股令人垂涎欲滴的異香，忍不住停下來大飽口福。

張果老離去之後，眾人搶著分食他沒吃完的半個蹄膀，都大嚷好吃，要求店主夫婦再做。從此，這道美食就成了這家小飯館的招牌菜，而且愈傳愈廣。

最初這道美食只是叫做「餚肉」，但是因為後來鎮江當地普遍都把這道菜做為涼菜，而蹄膀經過燒煮之後，肉紅皮白，光滑晶瑩，又滷凍透明，所以就被改名為「水晶餚肉」，一直流傳到現在。如果佐以薑絲和鎮江香醋（醋也是鎮江的特產），風味會更好。

最後，需要說明的是，「硝」其實也是一些礦物鹽的泛稱。

拾叁 腐乳汁熗蝦

「醉蝦」，是南通、上海和寧波一帶的傳統名菜，是先將一些冰塊放入玻璃器皿當中，再把活的河蝦放進去，然後將酒（一般是用黃酒）倒入器皿，要讓河蝦完全浸泡在裡頭，最後蓋上蓋子，不多久這些河蝦就會這麼活活的醉死了。食用時既可嘗到蝦的鮮香，也可嘗到酒的洌香。

在粵菜中有一道「腐乳汁熗蝦」，做法和「醉蝦」有一點異曲同工之妙。首先我們可能需要先解釋一下什麼叫做「熗」。

這是一種製作冷菜常用的方法，一般是把主要食材（譬如鮮嫩的豬肉、雞肉，以及各種海鮮和蔬菜）切成小塊，或是小片，用沸水焯燙或用油滑透，再趁熱加入各種調味品，然後調製而成的一種烹調方法。

同樣是製作冷菜，「熗」和「拌」的區別在哪裡呢？簡單來講，主要的區別是表現在兩方面，一，「熗」是先烹後調，趁熱調製，「拌」則是將生料或是涼熟肉調拌，沒有烹煮的過程，就好比拌生菜沙拉；二，在拌菜時多半是用醬油、醋及香油，而熗菜則大多是用精鹽、花椒油等，以盡量保持食材的本色為主。

現在讓我們回頭再來看看「腐乳汁熗蝦」這道美食。

講求原味本來就是粵菜的重要特色，但據說在距今一千六、七百年以前，廣東人並不知道蝦是可以生吃的。

相傳在東晉時期（西元317～420年），在嶺南一帶（也就是今廣東和廣西交界處）盛產蝦，當地人對於如何料理蝦也有很多心得，可以說花樣百出。一天，一個小偷偷了一盆蝦，沒想到剛得手就被發現，小偷就抱著這盆蝦狂奔，跑了半天當他意識到恐怕逃不過的時候，為了避免被人贓俱獲，情急之下，竟然就把那盆蝦一隻一隻拼命往嘴裡塞，想要把「證據」全部吃掉！

但他沒來得及把那盆蝦全部吃掉，還是就被抓了。小偷後悔得不得了，倒不是後悔偷蝦，而是後悔剛才想要把蝦全部吃掉的舉動，便哭喪著臉問道，我吃了那麼多的生蝦，會死嗎？

沒人能夠回答他，因為在此之前沒人這麼做過啊！

後來，這個小偷沒死，廣東人也因此發現原來生的蝦也能吃。

於是，他們就開始對於如何更好的來生吃蝦做各式各樣的研究，不久，就發展出用酒把蝦給醉死的辦法（形同「醉蝦」）。

到了唐宋年間，開始出現了「熗蝦」的做法，被「熗」過的蝦，看上去好像是醉了，實際上是還醒著，在吃的時候，稍微一不留神，蝦就會從碗盤中蹦起來！

而這道「腐乳汁熗蝦」，可想而知，腐乳汁肯定是重點，是將腐乳汁、白酒、黃酒、糖、鹽、蔥末、薑末、蒜片、胡椒粉、香菜等等，一起放入一個玻璃器皿中，再放進新鮮的、無汙染的河蝦，然後立即蓋上蓋子就可以了。

拾肆 鍋塌黃魚

「鍋塌黃魚」屬於魯菜系，是山東很有特色的地方菜。

魯菜系是中國傳統四大菜系（同時也是八大菜系）之首，是歷史最悠久，號稱技法最豐富、難度最高、最能表現廚藝的菜系，以「鍋塌黃魚」這道菜來說，就用到了煎、炸、煨、燉等好幾種技法，也就是說，廚師必須具備能夠同時掌握這些技法的功力。

不過，在講這道美食的典故之前，似乎應該先把菜名中「塌」這個字的意思先解釋一下，這是一個地方性的說法，所謂「塌」，就是將主料（以這道美食來說，主料就是一條大黃魚）兩面煎黃後，放入調料汁及清湯，蓋上鍋蓋，先旺火燒開，再開小火慢慢煨，煨到使調料幾乎完全被吸收到主料內為止，這麼一來，主料的口感就會又酥、又軟、又嫩，而且味道非常醇厚。

區區一個「塌」字，裡頭所包含的意思竟然這麼豐富，真是驚人。

「鍋塌黃魚」這道美食的歷史據說已有四五百年。相傳是在明朝，山東福山縣有一個富豪特別喜歡吃海鮮，為此特地聘請了一位在當地小有名氣的廚娘來專門為他烹製海鮮。

一天，廚娘做了一道「油炸黃魚」，因為時間有些匆忙，火候不太夠，因此不太理想，富豪嫌魚肉沒有熟透，十分生氣，叫廚娘立刻重做。廚娘捧著這盤被退回來的「油炸黃魚」，心想，怎麼辦呢？如果把這條黃魚入鍋再多煎一下，即使這回能夠把魚肉澈底煎得很熟，可是經過這樣反覆再煎，別說口感了，首先在色澤上肯定就不好看，到時候老闆恐怕還是不滿意，畢竟美食就得「色、香、味」俱全，如果一看就讓人倒胃口、沒有食慾，自然是很糟糕。

於是，她想了一個辦法，把這條老闆覺得沒有熟透的大黃魚回鍋，可是這回不是用炸的，而是先在鍋裡加入一些清湯，再加入蔥、薑、花椒、八角等佐料，稍微煮一下，才將那條魚放入鍋中，一直煨到湯汁幾乎都沒了，再起鍋上桌。

這樣的改進果然效果很好，富豪大老遠就聞到了香味，食

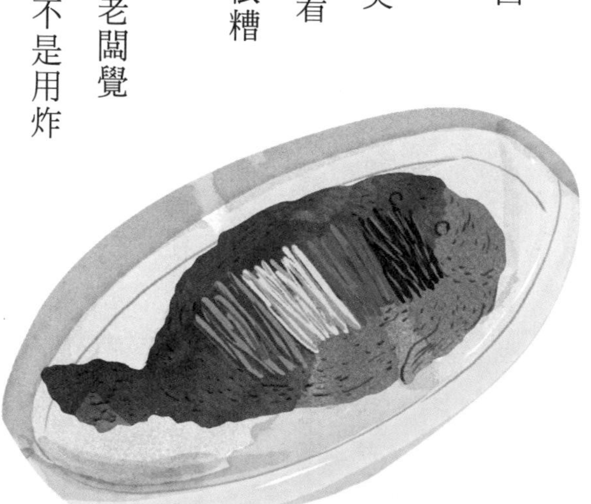

指大動，一吃之下更是讚不絕口，問廚娘這道菜是怎麼做的，廚娘說，沒什麼，就只是拿回廚房去「塌」了一下呀！

後來，這種將黃魚先煎、炸之後再加以煨和燉的作法，就慢慢傳開，很受歡迎。

此外，比較正宗的「鍋塌黃魚」，還有一些事情需要注意，比方說，除了以大黃魚做為主料之外，還要準備火腿，這是重要的輔料，屆時將火腿切片，和油菜、木耳、玉蘭片等一起放置在魚的身上，在視覺上呈現出繽紛多彩之感；又如，大黃魚在洗淨以後，要先劈成兩半，等到要上桌時，再在盤子裡拼回成一條完整的、彷彿是一條大胖魚的樣子，然後將煨過之後剩餘的一點點湯汁澆在魚身，這也是一種比較特別的作法。

拾伍 劍門豆腐

豆腐，是中華美食中最常見的豆製品，又稱「水豆腐」，比較普遍的說法，都相傳為漢朝淮南王劉安（西元前179～前122年）所發明，他是漢高祖劉邦（西元前256～前195年）的孫子。由於劉安是淮南國壽春縣（今安徽壽縣）人，所以至今安徽壽縣也被很多人視為是豆腐的發源地。

不過，除了劉安，豆腐的起源也有其他不同的說法，譬如，也有人說是關公，或是戰國後期傑出的軍事家樂毅所發明的等等。

豆腐的生產過程主要有兩個階段，首先是「製漿」，就是將大豆製成豆漿，其次是待豆漿「凝固成形」，這就是豆腐。

豆腐味美而養生，更是素食菜餚中的主要原料，被稱為「植物肉」。豆腐可以常年生產，不受季節的限制，如果碰到蔬菜生產的淡季，更可藉豆腐來做為很好的調劑。

中國各地都產豆腐，若要問哪裡的豆腐比較有名，「劍門豆腐」肯定名列前茅。

「劍門」是一個地名，是指四川的劍門關，此地天然險要，李白曾有詩〈蜀道難〉云：「劍閣崢嶸而崔嵬，一夫當關，萬夫莫開」，意思是說劍門閣這個地方，崇峻巍峨，高入雲端，只要一人在此把守，千軍萬馬都很難攻占，足見劍門關險要的程度。

劍門關豆腐是四川省劍閣縣特產（劍閣縣隸屬於四川省廣元市，地處四川盆地北部邊緣）。劍門關豆腐色澤雪白，質地細嫩，軟硬適宜，韌性特別好。以劍門關豆腐做為主料的「劍門豆腐」，是一道四川名菜，在上桌的時候特別講究擺盤，比方說，將劍門關豆腐切片，然後一片一片拼成扇形、菱形、花形等各式各樣的形狀，增加食用時的情趣。

在歷史上，「劍門豆腐」這道美食和好幾位歷史人物有所聯繫。比方說，相傳在三國時期，諸葛亮（西元181～234年）率軍入蜀，途經劍門關，軍中有很多安徽、湖北、河南籍的士兵，都很擅長做豆腐，他們發現此地雖然土薄田少，但是水質純淨，連帶種出來的豆子品質也很好，顆粒大，出漿多，特別適合做豆腐，就將做豆腐的手藝在此傳了下來。

後來，有一回，蜀漢大將姜維（西元202～264年），在漢中吃了敗仗，被魏國將領打敗，匆匆率軍退至劍門關內，一個地方官獻計，不妨先閉關三日不戰，號令百姓家家戶戶磨豆漿、做豆腐，然後以豆腐來犒賞士兵，再以豆渣來餵戰馬，待兵馬都恢復體力之後再戰。姜維覺得有道理，便依言照辦。三日之後，果然只引區區五千兵將便殺出關去，大敗魏軍，解了劍門關的危急。

到了唐朝末年，傳說在安史之亂時，唐玄宗入蜀途經劍門，因為身體勞累，又極度思念貴妃（這個時候楊貴妃已經死了），結果毫無食慾，精神很差，幸好有人及時送來一盤「劍門豆腐」，才總算胃口大開。稍後當唐玄宗得知這裡的黃豆特別好、特別適合拿來做豆腐時，還特意將這裡特產的黃豆封為「皇豆」。

拾陸 白雲豬手

「白雲豬手」，主料是豬手，就是豬的前蹄。（豬的後蹄則稱為豬蹄。）

這是廣東省廣州地區的特色傳統名菜，在廣州幾乎每個酒樓都會供應。這是一種涼菜，特點是豬手表皮的口感十分爽脆，酸中帶甜（因為製作過程中必須把豬手浸泡在白醋裡好長一段時間），肥而不膩，骨肉還很容易拆解，吃起來不費勁兒，是一道很理想的下酒菜。

為什麼要在豬手的前面加上「白雲」兩個字呢？或許是因為從外表上看起來，這道涼菜是白色的，呈現出與紅燒豬蹄完全不一樣的視覺效果，再加上在廣州市白雲區又剛好有一座白雲山，因此人們在為這道菜命名的時候，就將「白雲」冠了上去，頗能表現出地方特色。

也有一種說法，指這道美食最早就是來自於白雲山。

白雲山為南嶽名山之一，自古就有「羊城第一秀」之稱（「羊城」是廣州的別稱），山形相當寬闊，由三十多座山峰所組成，為廣東最高峰九連山的支脈。白雲山的文化底蘊還頗為深厚，人類在這裡活動所留下的遺跡，最早可追溯到史前文化，據說在秦朝末年（超過兩千兩百年以前），就已經有高士在這裡隱居，還在這裡「成仙而去」。東晉道教學者、醫藥學家、著名煉丹家、同時也是道教經典《抱樸子》的作者葛洪（西元284～364年），也曾經在白雲山煉過丹。

相傳在很久以前，白雲山上有座寺廟，寺廟周圍的環境非常清幽，在寺廟後方還有一股清泉。

廟裡有個小和尚，六根尚未清淨，還很貪吃。有一天，他在山門外無意間發現一個瓦罈，心想如果用這個瓦罈來煮些什麼應該很不錯，想著想著實在忍不住啦，便趁著師父外出的機會，偷偷到市集裡去買了一些最便宜的豬手。在還沒有出家之前，他是最愛吃豬手的了。

小和尚興高采烈把豬手洗淨放進瓦罈，然後就地壘灶燒煮，滿心期待著一會兒一定要大快朵頤，飽餐一頓。沒想到，就在豬手剛剛煮好的時候，師父竟然提早回來了！小和尚在驚慌之下，只得火速將瓦罈扔到寺廟後的清泉坑裡，總算瞞過了師父。當然，小和尚一定心疼死了，可是心疼也沒有辦法呀。

過了幾天，終於又盼到師父外出，小和尚念念不忘那個瓦罈，還是趕緊跑到寺廟後，從清泉中把那個瓦罈給撈起來，打開一看，他非常驚訝的發現，那些豬手非但沒壞，看起來居然還更白淨、更好吃的樣子。小和尚大喜過望，立刻把瓦罈裡的豬手取出來放到鍋裡，再添些糖和白醋一起煲。

等到煮好了，把豬手放進嘴裡一嘗，哇，實在是太好吃了！豬手的香味還把寺廟裡其他的小和尚也都吸引過來，大家都因此紛紛破了戒，也都嘗了豬手，然後都一致同意，就衝著這麼好吃的豬手，還是還俗吧！

想來這個故事和「佛跳牆」是一樣的思路，就是因為太好吃，所以惹得出家人也忍不住凡心大動。

總之，「白雲豬手」的作法就這樣慢慢流傳開來。據說最考究的作法，是要把豬手用白雲山的九龍水浸泡過。

拾柒 護國菜

潮汕菜向來是廣東菜的代表，可以說是粵菜的主幹，因此長久以來一直有「食在廣州，味在潮州」的說法。

潮汕菜的歷史頗為悠久，起源於唐代，發展於宋代，到了明代又更進一步的推陳出新，進入鼎盛時期，到了近代，潮汕菜更是中華美食中相當重要的一部分。

潮汕菜有不少特色，比方說，在講究色、香、味的同時，還總會特意在造型上追求賞心悅目和創新，又如，潮汕菜似乎特別善於烹製以蔬果為原料的素菜，總是粗料細做，其中，「護國菜」就是一個典型的例子；雖然是素菜，但從外觀上看來完全不是一般素菜的概念，因為是被做成了綠如翡翠的菜羹，非常特別。這是潮汕菜裡頭一道傳統名菜。

首先我們得弄清楚，「護國菜」究竟是什麼菜？答案是，應該是一種野菜。

這道菜據說是起源自南宋末年，皇帝趙顯（西元1271～1323年）在部將的護衛之下，逃出都城臨安（今杭州），然後在逃難途中，經過一座廟裡，廟裡的和尚很想為皇帝做一點好吃的飯菜，但是他們手頭什

麼都沒有，只好到後園去摘了一些野菜，然後精心烹製（就是所謂的「粗料細做」，即使食材很普通，可還是精心料理），給皇帝一行人充飢。趙顯吃得津津有味，吃飽之後還一本正經將此菜賜名為「護國菜」。後來，這道菜就這麼流傳了下來，接著歷代還都有廚師不斷在烹製手法上精益求精。

（可惜「護國菜」中「護國」這個期望沒能實現，因為當都城臨安被攻占、趙顯出逃之後，南宋實際上就已經是名存實亡了，之後又過了三年左右澈底覆滅。）

由於現在幾乎都是以番薯葉做為這道別緻菜羹的食材（也有廚師喜歡用菠菜、莧菜、通菜，總之要用綠色蔬菜），所以很多人都誤以為當年被趙顯賜名的「護國菜」就是番薯葉，然而，經過學者考證，番薯其實是在明萬曆年間才從海外被引進中國，而南宋末年至少要比明萬曆年間要早了三百多年，所以，趙顯是不可能吃到番薯葉的，當時被他命名為「護國菜」的應該就是某種野菜。

今天只要一提到「護國菜」，主要是著重在這種做成菜羹的特殊作法，做好之後，看上去一片碧綠，吃起來又潤滑適口。不過，因為在料理這道美食時用油比較重，上桌的時候，儘管裡頭菜湯的部分還是滾燙的，卻因有一層油脂封住表面，讓人看不到裡頭升騰的熱氣，而很容易產生一種錯覺，以為並不怎麼燙，這個時候如果操之過急、大口品嘗，很容易就會被燙嘴，所以應該用湯匙先將油層小心撥開之後再舀，然後慢慢的吃，才不會鬧出笑話。

讀後活動

字字玄機

【知識篇】

請根據提示，將正確的語詞填入空格中，動動你的腦，一起參加這一場挑戰吧！

提示：

直行

1. 比喻大口狂喝。
2. 中國最早的名菜席，周朝開始出現。
3. 五大麵食之一，流行於北方，由碎肉、豆瓣醬炒過後和菜碼拌麵條而成。
4. 李白因才華洋溢，如神仙下凡而得到的美譽。
5. 南京的著名特產，又稱桂花鴨。
6. 控制時間及火力的功夫，是料理的基本要求。
7. 四字成語，泛指珍異豐盛的菜餚。
8. 在歐美大受歡迎的粵菜料理，以炸過的去骨精肉加上糖醋滷汁調味。
9. 魏末晉初的七位名士，崇尚老莊之學，輕視禮法。
10. 三國演義中，曹操試探劉備野心的故事。

橫行

一、杜甫的傳世之作，以肖像詩描寫八位嗜酒的文人。

二、源自於清朝宮廷的宴席，集南北各族名餚之大成，多為一百零八道。

三、鎮江地區的一道涼菜，豬蹄膀燒煮後光滑晶瑩，滷凍透明。

四、原是形容不食人間煙火，現指沒東西吃只好餓肚子。

五、西晉名士山濤之子的故事，形容酒醉後的瀟灑姿態。

六、杭州名菜，以豆腐皮捲入肉末，因炸得酥脆，上桌時會發出清脆聲音。

七、過生日吃的麵條。祝願活得長長久久，是中國傳統習俗。

八、以鹽醃過後，再風乾、發酵的豬腿，傳說與宋朝名將宗澤有關。

九、本是中醫學界的代稱，到了近代引申泛指整個醫學界。

十、「金陵菜」的代表之一，俗稱琵琶鴨，以鹽滷醃製風乾而成。

■	1	■	■	4	■	■	■	■	■	■	■
■	一 飲		2		歌	■	■	■	■	8	■
■	■	■		■	■	■	■	■	■		■
二			席	■	■	■	三 水			肉	■
■	■	■	■	■	■	■	■	■	■	■	■
■	四		3	風	■	■	■	■	■	■	10
■	■	■		■	■	■	■	7 五 山			酒
■	■	六			鈴	■	■		■	■	
■	■	■		■	■	■	■		■	■	
■	七		麵	■	■	■	■		■	■	
■	■	■	■	5 八		6	腿	■	■	■	■
■	■	■	■		■		■	■	■	9 竹	■
■	■	■	■		■	■	■	■	九		■
■	■	■	■		■	■	■	■	■	七	■
■	十			鴨	■	■	■	■	■		■

【解答】

	1 牛			4 詩							
	一 飲	中	2 八	仙	歌					8 古	
			珍							老	
二 滿	漢	全	席				三 水	晶	餚	肉	
	四 喝	西	3 北	風							10 煮
			京					7 五 山	簡	醉	酒
		六 乾	炸	響	鈴			珍			論
			醬					海			英
	七 長	壽	麵					味			雄
				5 八 金	華	6 火	腿				
				陵		候				9 竹	
				鹽					九 杏	林	
				水						七	
	十 南	京	板	鴨						賢	

國家圖書館出版品預行編目資料

飲食文化知識通／管家琪文；尤淑瑜圖. －初版 . --臺北市：幼獅文化事業股份有限公司，2021.09
面； 公分. --（故事館；82）

ISBN 978-986-449-244-2（平裝）

538.782 110013251

故事館082

飲食文化知識通

作　　者＝管家琪
繪　　者＝尤淑瑜
出 版 者＝幼獅文化事業股份有限公司
發 行 人＝李鍾桂
總 經 理＝王華金
總 編 輯＝林碧琪
主　　編＝沈怡汝
特約編輯＝陳秀琴
美術編輯＝游巧鈴
總 公 司＝10045臺北市重慶南路1段66-1號3樓
電　　話＝(02)2311-2832
傳　　真＝(02)2311-5368
郵政劃撥＝00033368

印　刷＝崇寶彩藝印刷股份有限公司
定　價＝310元
港　幣＝103元
初　版＝2021.09
書　號＝984255

幼獅樂讀網
http://www.youth.com.tw
e-mail:customer@youth.com.tw
幼獅購物網
http://shopping.youth.com.tw/

行政院新聞局核准登記證局版臺業字第0143號